海南大学中西部高校提升综合实力工程学科建设项目资助

经济管理学术文库 • 财务类

公司并购绩效研究

——基于终极控制人视角

The Study on M&A performance
– Based on the Perspective of Ultimate Controller

曾春华 / 著

图书在版编目（CIP）数据

公司并购绩效研究——基于终极控制人视角/曾春华著．—北京：经济管理出版社，2014.8

ISBN 978-7-5096-3277-2

Ⅰ．①公…　Ⅱ．①曾…　Ⅲ．①上市公司—企业兼并—经济绩效—研究—中国　Ⅳ．①F279.246

中国版本图书馆 CIP 数据核字(2014)第 178980 号

组稿编辑：曹　靖
责任编辑：杨　雪
责任印制：黄章平
责任校对：陈　颖

出版发行：经济管理出版社
（北京市海淀区北蜂窝 8 号中雅大厦 A 座 11 层　100038）
网　　址：www. E-mp. com. cn
电　　话：(010) 51915602
印　　刷：大恒数码印刷（北京）有限公司
经　　销：新华书店
开　　本：720mm×1000mm/16
印　　张：9.75
字　　数：180 千字
版　　次：2014 年 8 月第 1 版　　2014 年 8 月第 1 次印刷
书　　号：ISBN 978-7-5096-3277-2
定　　价：48.00 元

前　言

公司并购是企业优化股权结构、推进资源优化配置的重要经营活动，所以受到世界各国学者们的关注，而有关并购绩效的研究则成为他们关注的焦点。在过去的三十多年里，各国学者对并购绩效问题进行了大量研究，他们一致发现，在并购过程中，被收购公司的股东获得了显著为正的超额收益，而收购公司收益最多是中性，更大可能会带来财富损失。西方学者最早是从外部股东和内部管理者之间的代理冲突角度来解释这一问题的。但到了 20 世纪 90 年代，人们发现，在世界上大部分国家和地区，股权集中才是公司股权结构的主导形态。股权集中一方面使得控股股东有强烈的动机和能力对经理人的利己行为实施监督；另一方面由于控股股东的现金流权和控制权发生严重背离，他们凭借其控制权来侵占公司的资源，以此获取控制权的私人收益，而并购活动也就可能成为控股股东剥削中小股东的一个利益输送工具。尤其是在投资者法律保护较弱的国家，这种现象更加严重。这无疑为中国上市公司并购绩效的研究提供了一个新视角。

由于历史原因，我国上市公司股权结构高度集中，终极控制人与中小股东的利益冲突表现尤为突出，而且我国普遍存在对中小股东保护的缺失，相关法律体系很不完善。所以，终极控制人控制权私人收益广泛存在。另外，我国上市公司大部分是由国有企业改制而来的，国有股权在上市公司中占据了很大比例，同时也有许多的民营企业发展壮大并成功上市。这些足以说明我国上市公司终极控制的制度及治理结构状况与西方国家的情况有很大的差异。与此同时，我国资本市场是一个新兴市场，同时其发展又根植于经济转轨当中，各个地区之间的市场化程度存在很大差异。外部市场环境是公司治理体系中的重要组成部分，它也会对终极控制人产生影响并进而影响公司并购绩效。因此，在这样的制度背景下研究我国上市公司并购行为及绩效的问题，具有重要的理论和现实意义。

曾春华博士撰写的这部专著，以上市公司的并购决策为研究对象，结合中国特殊的制度背景和实践需要，运用公司财务、委托代理以及政府干预等理论，对公司并购行为和并购绩效两大关键问题展开研究。该书通过系统的理论分析和实证检验，得到了一些颇有价值的实证结论、研究发现和政策启示。总的来看，该书具有如下特点：

（1）该著作选题新颖，视角独特。该书基于终极控制人这一视角去研究中国上市公司并购行为与绩效问题，具有一定的创新性和新颖性，同时也有利于丰富和发展新兴加转轨型国家制度背景下公司并购动因和经济后果文献。

（2）该著作框架合理，思路清晰。该书先从终极控制人的不同特征出发研究公司并购行为及绩效问题，然后再将这些问题置于中国特殊的市场环境中进行分析，为研究中国上市公司并购行为及绩效问题构建了一个系统的分析框架，有助于读者从不同层面了解企业复杂的并购决策。

（3）该著作研究规范，方法得当。该书在借鉴国内外相关理论的基础上，结合我国实际，对不同研究内容进行了深入的理论分析和阐述，并分别提出了不同的研究假设，然后搜集上市公司相关数据，对各研究假设进行严谨的分析和检验，并提出了实证结果和政策启示，这对我国公司实务界和政府监管部门具有较强的指导意义。

综合而论，该书理论体系完备，实证证据充分，有一定见地。希望曾春华博士能够持续不懈，在自己的研究领域取得更多、更新的成果。

杨兴全

2014 年 7 月

目　　录

第1章 导论

1.1 研究背景与研究意义

1.1.1 研究背景

公司并购是企业优化股权结构、推进资源优化配置的重要经营活动，所以受到世界各国学者们的关注，而有关并购绩效的问题则成为他们关注的焦点。由于已经历了五次大的并购浪潮，西方学者经过长期的研究，基本形成了一系列较为完整和科学的并购理论和并购绩效的研究方法。与西方成熟的资本市场相比，我国上市公司并购活动起步较晚。1993 年 9 月，深圳宝安集团收购上海延中实业股份有限公司正式拉开了中国上市公司利用证券市场进行兼并和收购的序幕。此后，伴随着 20 世纪 90 年代欧美第五次兼并收购浪潮的到来，以及中国经济的不断发展和市场经济体制的进一步确立，我国资本市场进入了并购的高峰期。据统计，2010 年我国企业并购交易量同比增长 40%，企业并购重组已经涉及二十多个省市的近万家企业。因此，随着我国公司并购实践活动的蓬勃发展，公司并购绩效问题也成为国内学者研究的热点。

在过去的三十多年里，西方学者对并购绩效问题进行了大量研究，并取得了丰富的成果。国外学者的实证研究一致发现，在并购过程中，被收购公司的股东获得了显著为正的超额收益，而收购公司的收益最多是中性，更大可能是财富损失。Bruner（2002）对欧美发表于 1971 ~ 2001 年的 114 篇研究进行综合分析，指出 20% ~ 30% 并购交易能为收购公司创造价值，可见成功的并购是少数的，大量并购以失败而告终。同样，国内学者对于公司并购的市场反应和财务绩效也没能取得一致结论：并购不能为收购方和目标方带来超常收益（陈信元和张田余，1999；洪锡熙、沈艺峰，2001）；并购为目标方股东带来正的超额收益，而为并购公司带来负的超额收益（张新，2003）；存在“购并公司股东损益之谜”（张宗新、季雷，2003）；并购能给收购公司的股东带来显著的财富增加，而对目标公司股东财富的影响不显著（李善民、陈玉罡，2002）；公司并购的长期绩效表现出先升后降的趋势（冯根福、吴林江，2001）；并购不能从实质上提高公司的经营绩效（李善民等，2004）。

西方学者最早是以 Berle 和 Means（1932）所描述的公司股权高度分散为背景，从外部股东和内部管理者之间的代理冲突角度来解释这一问题的。但到了 20 世纪 90 年代，人们发现，在世界上大部分国家和地区，股权集中才是公司股权结构的主导形态（La Porta 等，1999；Claessens 等，2000）。股权集中一方面使得控股股东有强烈的动机和能力对经理人的利己行为实施监督；另一方面由于现金流权和控制权发生严重背离，控股股东凭借其控制权侵占公司的资源来获取的控制权私人收益，而并购活动也就可能成为控股股东剥削中小股东的一个利益输送工具。尤其是在投资者法律保护较弱的国家，这种现象更加严重。此后，Faccio 等（2001，2002）、Maury 和 Pajuste（2002）等诸多学者从现金流权与控制权的分离、终级控制人的产权性质、组织形式、控制链层级等不同层面开展的研究将这一视角的研究逐步深入，这无疑为中国上市公司并购绩效的研究提供了一个新视角。

我国上市公司股权结构高度集中，终极控股股东与中小股东的利益冲突表现尤为突出，而且我国普遍存在对中小股东保护的缺失，相关法律体系很不完善。所以，终极控制人控制权私人收益广泛存在。另外，我国上市公司大部分是国有企业改制而来的，国有股权在上市公司中占据了很大比例，同时也有许多的民营企业发展壮大并成功上市，所以，从终极控制人的产权性质划分，我国上市公司可分为政府控制与非政府控制两类，其中，政府控制公司按行政级别划分，又可分为中央政府控制与地方政府控制两种类型；按终极控制人控制权的行权方式不同，可以分为直接的水平结构控制和间接的金字塔结构控制。在国有产权的制度背景下，政府职能的“缺位”容易导致“内部人控制”问题；与此同时，政府职能的“错位”与“越位”又将导致“政府干预”问题。这些足以说明我国上市公司终极控制的制度及治理结构状况与西方国家的情况有很大的差异。

我国整个社会和经济都处于转轨当中，自 1978 年开始，市场经济的发展虽然已经取得了举世瞩目的成就，但由于实施的是渐进式改革开放政策，所以各个地区之间的市场化进程并不平衡。在市场化程度高的地区，法制化建设相对健全，市场秩序也更加规范，市场竞争更加充分。由于外部市场环境是公司治理体系中的重要组成部分，它会对终极控制人产生影响并进而影响公司并购绩效。因此，我们从终极控制人的视角研究公司并购绩效问题时，还必须结合上市公司所处的治理环境进行分析。

综上所述，我国特殊制度背景形成了股权结构的高度集中、股东性质差异化程度高、各级政府利益诉求各不相同的现实情况，而公司的并购行为及绩效也因此会受到终极控制人控制权私利、政府干预的影响；与此同时，我国作为转轨经济背景下的弱法制环境国家，当前在着力整体推进市场化进程的同时，还显著存在着地区间发展不平衡的状况，这些决定了西方并购绩效的理论分析框架并不完全适用于解析我国上市公司“并购绩效之谜”。正是基于以上的制度背景和我国的实践需要，本书选择从终极控制人这一全新的视角深入、系统地探讨我国上市公司“并购绩效之谜”，同时考虑市场化进程的公司治理环境，试图形成一个系统的研究框架，最终达到为公司并购代理成本理论的拓展提供有力证据、为新兴资本市场的特殊并购绩效之谜提供更准确解释的目的，同时也初步验证我国市场化改革的政策效应。

1.1.2 研究意义

多年来，公司并购及绩效的研究一直是公司财务和金融领域的热点和难点，国内外学者们不遗余力的研究虽然成果斐然，但各方见解并不一致，尤其是对于新兴资本市场的研究，频频出现理论框架与经验材料无法调和，这使新兴资本市场并购及绩效问题的研究成为公司并购研究领域内的一个重大课题。本书以中国这个新兴资本市场上的上市公司为研究对象，沿着现代公司并购理论的思路，从终极控制人视角对公司并购绩效进行全新诠释，不但能够拓展现代公司并购理论的内涵，而且极大地丰富了新兴资本市场上公司并购理论的研究；在此基础上，本书还结合我国市场化进程与终极人控制的内部治理机制来研究公司并购绩效，这无疑将对构建中国特色公司并购理论起到积极的推动作用。

与此同时，随着资本市场的发展，我国企业的并购活动也逐渐兴起并蓬勃发展，上市公司并购重组能否给股东带来超额收益？并购绩效的大小又受到哪些因素的影响？这其中的影响机制又如何？对这些问题的回答不仅能够挖掘我国上市公司“并购绩效之谜”真正的原因，也关系到企业今后并购行为模式的选择，并将为我国相关政策的制定提供参考。因此，本书结合我国特殊的制度背景，从终极控制人的角度来研究公司并购绩效问题，具有一定的现实意义。同时，本书对于改进上市公司的治理和健全中小投资者的法律保护体系等方面也具有重要的应用价值。

1.2 研究思路、研究目标与研究方法

1.2.1 研究思路

本书依据我国特殊的制度背景，根据已有文献对并购绩效的研究，选择终极控制人这一全新的视角，深入探讨我国上市公司“并购绩效之谜”形成的原因。本书的每一个章节都是围绕终极控制人的不同角度展开的一个相对独立的研究，每一章都遵循先理论分析，再提出研究假设，最后用我国上市公司的实际数据进行实证检验的思路展开。理论分析的主要内容有：一是从大股东“掏空”的动机出发，分析了终极控制人与中小股东的代理冲突对并购绩效的影响，形成了终极控制人现金流权、两权分离与公司并购绩效的研究假设；二是从政府干预的“动机”出发，分析了政府控制，尤其是地方政府控制的企业可能受政府干预的程度较重，并形成了终极控制人产权性质、政府控制层级以及金字塔层级与公司并购绩效的研究假设；三是从并购模式选择行为出发，分析了从并购动机到并购模式，再从并购模式到并购绩效的相关理论，并形成了终极人控制、并购模式选择与并购绩效的研究假设；四是从外部市场环境出发，讨论了外部环境对终极人控制与并购绩效关系的影响，最终形成了市场化进程及股权分置改革、终极人控制与并购绩效的研究假设；五是从管理者“寻租”的视角，并基于不同的股权性质及市场化进程的制度背景，形成了市场化进程、管理者权力与公司并购绩效的研究假设。

与相关理论对应，本书的实证检验内容也包含以下三个方面：首先，微观层面主要从终极控制人两权分离、产权性质、政府控制层级和金字塔级层以及管理者权力几方面检验它们与并购绩效之间的关系，试图揭示终极控制人的控制权私利、政府干预与管理者“寻租”对并购绩效的影响以及金字塔层级对并购绩效的保护效应。其次，检验终极控制人两权分离、产权性质及政府控制层级对并购模式选择的影响，以及不同并购模式选择下的并购绩效差异。最后，宏观层面以我国市场化进程以及股权分置改革为影响变量，

分别检验其对终极控制人与并购绩效关系的影响，也进而验证我国市场化改革的政策效应。通过对终极控制人和并购绩效关系的微观、宏观的全面分析，旨在建立一个基于终极所有权结构的公司并购绩效的研究体系，探求我国特殊制度背景下的“公司并购绩效之谜”的真正原因，为企业今后并购行为模式的选择以及我国相关政策的制定提供参考。

1.2.2 研究目标

本书试图通过对并购绩效的理论逻辑和中国并购市场特殊制度背景的深入分析，从收购公司长期市场绩效差异的角度，构建其并购交易动机、交易行为与市场绩效研究的理论框架，并通过规范的实证研究检验影响收购公司的市场绩效的因素及其传导机制，以期探索我国特殊制度背景下的公司“并购绩效之谜”。具体来看，本书旨在达到以下五个主要目标：

第一，梳理并购绩效理论，结合中国并购市场背景，构建基于终极所有权结构的公司并购绩效的理论研究框架。

第二，计算收购公司的长期市场绩效，并实证检验终极控制人两权分离、产权性质及政府控制层级对收购公司长期市场绩效的直接影响，总结终极控制人的控制权私利、政府干预对并购绩效的影响以及金字塔层级对并购绩效的保护效应。

第三，实证检验终极控制人两权分离、产权性质及政府控制层级对公司并购模式及行为的直接影响，然后进一步检验并购模式的选择对公司并购绩效的影响，总结出可能导致公司非效率并购的内在作用机理。

第四，结合我国各地区市场化进程发展的不平衡性和股权分置改革与上市公司终极人控制的制度背景，实证检验市场化进程及股权分置改革、终极人控制与公司并购绩效的关系，总结出要优化公司的并购投资行为。提高公司并购绩效，不仅要考虑公司的微观制度特性，还应关注在公司治理中发挥“基础性”治理效应的外部环境因素。

第五，从管理者“寻租”的视角，并基于不同的股权性质及市场化进程的制度背景，补充研究了管理者权力对公司并购绩效的影响。总结出在我国制度转型和公司治理弱化的环境下，管理层权力导致的代理冲突仍是目前公司治理的现实问题。研究结果从公司并购视角发现了管理者利用其权力进行“寻租”的证据；同时将宏观层面的市场化进程与微观层面管理层权力所反映的代理冲突相结合，对上市公司并购行为进行研究，并拓展和补充了相关文献。

1.2.3 研究方法和技术路线

本书采用规范分析与实证分析相结合、理论与实践相结合的研究方法。理论研究部分主要采用规范研究的方法，运用经济学、管理学的相关理论，采用建立数学模型的方法进行逻辑推理，形成研究假设；对研究假设的检验主要采用多元回归分析的实证分析法，实证分析的数据全部来源于上市公司的公开数据，实证结果反映了经济活动的现实，不但可以验证定性分析结论，还可用于刻画现实经济生活中的一些现象。在本书的文献综述和特征分析及最后的结论等各章中广泛地应用归纳分析和演绎分析法。通过对以上不同方法的综合应用完成本书的研究。

具体研究中的技术路线：查阅文献确定研究课题和内容→根据研究课题和研究内容拟定研究计划→研究理论文献建立数学模型进行理论分析初步提出研究假设→搜集整理数据→建立模型实证检验→稳健性检验→归纳总结检验结果→最终形成结论→指出研究局限与未来研究方向。

1.3 本书内容与研究框架

1.3.1 本书内容

第1章是导论。作为开篇，本章首先提出了本书选题的背景与意义；其次分别介绍了本书的总体研究思路、主要研究目标和所采用的研究方法；最后说明本书的研究特色和贡献。

第2章是概念界定和理论基础。本章首先界定了并购、并购绩效以及终极控制人等重要概念；然后回顾了协同效应理论、委托代理理论、管理者过度自信理论等对企业并购动因的阐述，并且对国内并购理论最新发展的相关文献进行了回顾，这为下面进一步通过实证来研究并购绩效奠定了理论基础。

第3章文献综述。从实证的角度对国内外有关并购绩效的评价方法和影响因素的文献进行回顾，并对国内外已有文献进行评述，找到继续研究的空间，从而确定本书的研究方向。

第4章是终极控制人现金流权、两权分离与并购绩效。本章首先分别对终极控制人控制权、现金流权与并购绩效的关系进行实证检验；然后基于终极控

制人控制权私利的并购理论分析，将终极控制人的控制权与现金流权的分离程度作为终极控股股东侵占少数中小股东利益的代理变量，并结合公司自有现金流和成长机会对上市公司并购绩效的影响进行了实证研究，试图揭示终极控制人利益侵占效应的存在与作用机理以及我国上市公司终极控制人自利性并购行为的动机与能力。

第 5 章是终极控制人性质、金字塔层级与公司并购绩效。本章首先分析了终极控制人不同的产权性质对公司并购绩效的影响；其次针对政府控制的上市公司，进一步比较了中央政府控制和地方政府控制对公司并购绩效影响的差异；最后检验金字塔股权结构对政府控制企业并购绩效是否具有保护效应。

第 6 章是终极人控制、并购模式选择与公司并购绩效。本章是从并购模式选择的视角来实证检验终极控制人的两权分离以及政府控制性质对不同并购模式选择的影响，并在此基础上进一步检验这种选择结果对并购绩效的影响，从而考察终极控制人影响并购绩效的作用机理。本章试图检验终极控制人是通过何种并购模式作为传导途径而导致公司并购的非效率。

第 7 章是股权分置改革、终极人控制与公司并购绩效。本章结合我国股权分置改革的背景分析我国上市公司并购绩效在股权分置改革前后的变化，以检验股改的成效。首先分析了股权分置对终极控制人代理成本与并购绩效关系的影响；其次检验了股权分置对终极控制人代理成本与并购绩效关系的影响是否受终级控制人性质的影响。

第 8 章是市场化进程、终极人控制与公司并购绩效。本章是借用樊纲、王小鲁、朱恒鹏《中国市场化指数——各地区市场化相对进程 2010 年报告》的研究成果，首先分析了市场化进程对终极控制人代理成本与并购绩效关系的影响；其次检验了市场化进程对公司并购绩效的作用是否受终级控制人性质的影响；最后检验金字塔层级对政府控制企业并购绩效的保护效应是否受到市场化进程的影响。

第 9 章是市场化进程、管理者权力与公司并购绩效。本章立足于股东与管理者之间的代理问题，补充研究管理者权力对公司并购绩效的影响，并在此基础上，进一步结合控制性股东的产权性质及市场化改革的制度背景，检验股东特征与外部环境如何影响管理者利用权力通过并购攫取私人收益的行为。

第 10 章是研究结论与展望。本章首先总结了上述各章的研究结论，运用规范分析方法，有针对性地提出规范我国上市公司并购行为，提高我国上市公司并购绩效的政策建议，并指出本书存在的局限性以及后续研究的方向。

1.3.2 研究框架

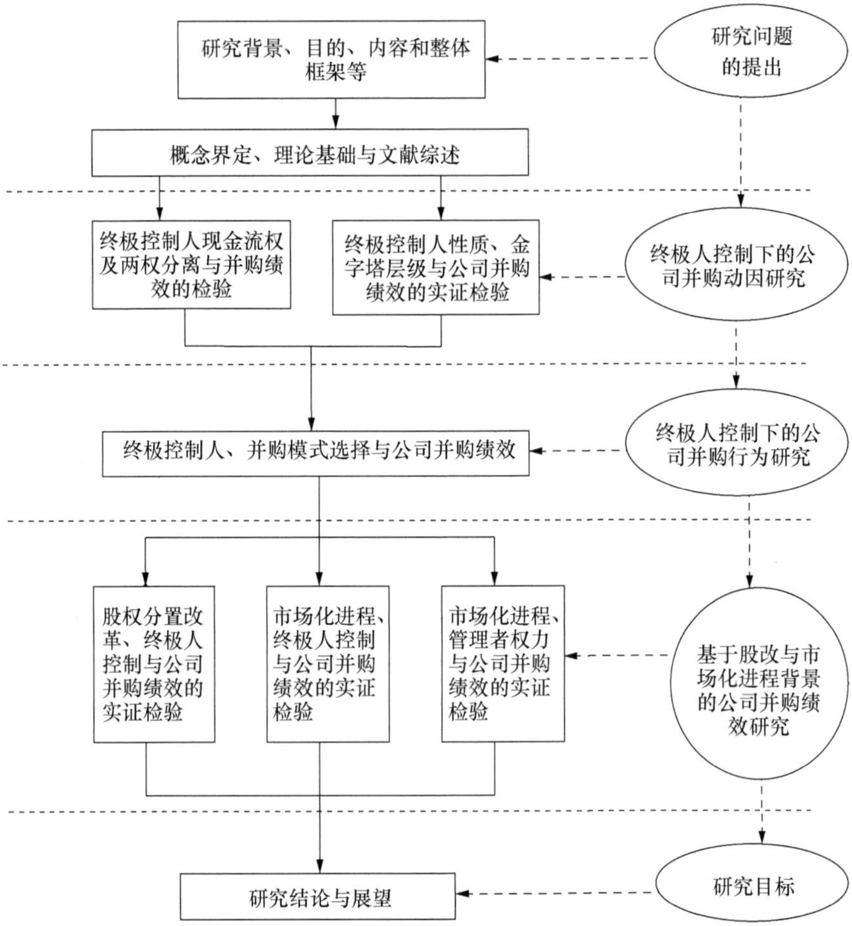

研究背景、目的、内容和整体框架等

研究问题的提出

概念界定、理论基础与文献综述

终极控制人现金流权及两权分离与并购绩效的检验

终极控制人性质、金字塔层级与公司并购绩效的实证检验

终极人控制下的公司并购动因研究

终极控制人、并购模式选择与公司并购绩效

终极人控制下的公司并购行为研究

股权分置改革、终极人控制与公司并购绩效的实证检验

市场化进程、终极人控制与公司并购绩效的实证检验

市场化进程、管理者权力与公司并购绩效的实证检验

基于股改与市场化进程背景的公司并购绩效研究

研究结论与展望

研究目标

图 1－1　本书研究框架图

1.4 可能的创新之处

第一，本书在实证上采用了长期持有超常收益（BHAR）来评价收购公司的并购绩效，并在此基础上检验终极控制人的现金流权及两权分离对公司并购

绩效的影响，这不仅是对我国现有公司并购绩效的评价方法以及影响因素研究的进一步丰富与补充，而且从终极控制人两权分离的角度提供了大股东通过并购扩张行为对中小股东进行利益侵占的证据，这为我国收购公司并购行为的“成功悖论”提供了直接证据；同时，本书还结合终极控制人性质来研究两权分离导致的并购绩效差异，这对于认识我国上市公司现阶段大股东（家族）控制下的公司并购行为具有重要意义，也是对现有相关文献的补充。

第二，本书结合我国特殊制度背景，通过国有产权及政府控制类别这一视角考察政府干预对并购绩效的影响，为理解经济转型期的政府干预理论提供了直接证据；同时，已有研究表明，金字塔结构并不意味着“掏空”效应，它还有支持或保护效应，可以增加股东财富，并且在法律保护水平较弱环境下，金字塔结构可以作为法律的一种替代机制来保护公司的投资免受政府干预（程仲鸣等，2008）。本书的研究结论从公司并购的视角为金字塔的保护效应提供了证据，因而拓展了关于新兴市场国家金字塔结构作用的研究。

第三，本书从终极控制人的并购模式选择的角度去进一步检验公司并购绩效，是将公司并购动因、并购行为、并购绩效置于同一个分析框架中，试图捕捉中国上市公司并购“成功悖论”的内在作用机理，这将在一定程度上丰富现有并购绩效的研究。

第四，本书从公司并购行为的视角回答了市场化进程对于公司治理效率的影响，即公司治理环境的改进在提高公司并购绩效的同时还有效抑制了两类代理问题对公司并购绩效的负面影响，而这种治理效应又受到终极控制人性质的影响；同时进一步检验了金字塔的保护效应在不同市场化进程水平下的差异。本书将市场化进程的宏观制度因素与终极人控制的微观产权制度相结合，置于同一框架下研究二者对公司并购绩效的影响具有一定的创新。

第 2 章　概念界定和理论基础

2.1　基本概念界定

在进行研究之前，我们必须清楚地界定研究的对象及其相关概念，这样一方面有利于增强自身研究的可比性，另一方面也可以避免对某些研究成果的误解。

2.1.1　公司并购

威斯通等（1998）在《兼并、重组与公司控制》一书中对公司兼并收购的概念给予了详细的定义，他在总结国外兼并收购理论的基础上，将公司兼并收购定义为公司接管以及相关的公司重组、公司控制权及所有权结构变更等活动。但从并购的实证研究来看，无论是研究并购的市场反应还是并购的经营绩效，学者们更多地关注在“扩”这种并购形式上，所选取的样本事件主要是企业的扩张行为。国内对并购的研究虽然已经比较丰富，但至今尚未对“并购重组”的概念做出权威、统一的界定，这主要是由于人们对公司并购内涵以及研究目的不同导致的。随着我国上市公司并购重组活动的频繁发生以及研究的需要，“并购重组”通常被分为股权转让、兼并收购、资产剥离以及资产置换四大类。其中，股权转让是指目标公司转让股权，其本质是控制权转移的行为，发生股权转让的上市公司是目标公司，而收购公司主要是利用目标公司维持上市地位和利用再融资资源；兼并收购是指收购公司通过收购股权、购买资产或吸收合并等形式进行的企业扩张；资产剥离是公司进行收缩的一种形式；资产置换多发生于上市公司与控股股东之间，其目的主要是维持上市公司地位或获取再融资资格。

本书所用的“并购”是狭义的兼并收购，指企业通过对外股权收购或资产收购获取目标公司的财产权、控制权或直接吸收合并，以实现企业的快速发展。

2.1.2　并购绩效

所谓绩效是指企业所从事具体经营活动时获得的业绩或效果，通常可以看作是企业某一战略目标的实现程度，所以并购绩效也就是并购活动产生的业绩或效果。并购绩效的具体内容包括宏观和微观两个层面，公司并购对社会资源配置的效应，即公司并购的社会绩效，就是宏观意义上的公司并购绩效，而公司的并购行为对其主营业务的扩张、产品结构或资产结构的优化、经营管理机制的转变、财务指标的改善等产生的影响，就是微观意义上的并购绩效。这类并购绩效通常按其涉及的时间长短，分为长期并购绩效和短期并购绩效。长期绩效的考察期一般为并购后 1 ~5 年，短期绩效的考察期一般为并购后 1 ~3 个月。

从大量的实证检验结果来看，中外学者一致认为，并购活动对企业绩效产生的影响主要体现在两个方面：一方面，由于并购事件宣告前后企业的股票价格发生的波动带来股票收益的变动；另一方面，并购前后企业的某些会计指标发生变化。由此形成了两种计量企业并购绩效的方法：一种是检验并购活动带来的股票市场反应，即通过企业在并购事件发生前后股票价格的异常波动来衡量企业绩效的变化，可称为事件研究法或超常收益法；另一种是检验并购活动带来的企业经营反应，即通过并购事件发生前后有关会计指标的变化来判定并购事件对企业绩效的影响，可称为会计指标法。

本书选择从微观的角度，并立足于收购公司来研究并购的长期市场绩效，即主要是用长期持有超额收益（Buy-and-Hold Abnormal Return，BHAR）来计量并购绩效。也就是说，本书是从收购公司的角度来分析由于并购事件的发生而给收购公司带来的长期市场绩效的改变。市场绩效不同于公司的会计绩效，市场绩效中蕴含了市场对并购事件的预期，它的适用性主要受制于资本市场的有效性，而随着我国上市公司股权分置改革的推进，“全流通”时代即将到来，这无形中增强了我国资本市场的有效性，因此本书选取此方法来衡量并购绩效，具有一定的理论依据和实践意义。

2.1.3 并购模式

并购模式即并购的特性和类别。一般来讲，并购模式有很多的分类标准，可以按并购的行业划分，也可以按并购的关联属性、并购的出资方式及其地域属性进行划分。基于本书的研究视角，我们主要考虑以行业属性和区域属性进行分类：

2.1.3.1 按并购的行业属性划分：多元化并购和同业并购

并购的行业属性是指收购企业和目标企业所处的行业。多元化并购是指并购双方所处的行业不同，当它们具有不同的行业属性时，其生产的产品就不会形成竞争，类似于纵向并购和混合并购。同业并购是指并购双方所处的行业相同，当它们具有相同的行业属性时，其生产的产品就会形成竞争，类似于横向并购。企业的同业并购一般被认为是为了转移关键技术或占有市场份额而获得规模经济效益，而多元化并购主要是为了以多元化的经营方式来降低企业的风险，使企业进入盈利水平更高的行业以获得范围经济效益。但是近年来人们研究发现，多元化并购往往没有给企业带来更多的经济效应，这主要是因为多元化经营会带来更高的代理成本，因此多元化并购的绩效可能会低于同业并购。

2.1.3.2 按并购的区域属性划分：同区域并购和异地并购

并购的区域属性是指并购双方企业的注册地。同区域并购是指并购双方的注册地属于同一地方政府管辖的并购；异地并购是指并购双方的注册地不属于同一地方政府管辖。由于存在行政分权、地方官员考核要求以及地区封锁、现实制度背景，所以政府控制的企业发生同区域并购的情况较多，这种并购很显然蕴含地方政府的保护主义行为，通常是经济欠发达地区的政府为了保护本地区经济利益而进行的地区封锁。正是由于此原因，地方政府控制的企业进行异地并购的难度往往高于同区域并购。

2.1.4 终极控制人及特征

2.1.4.1 终极控制人

La Porta 等（1999）为了研究不同国家所有权特征与大股东的主体类型，追溯到了控股股东的最终控制人即终极控制人，这也是终极控制人的概念第一次被提出。后来也有学者将其译成最终控制人或者终极控股股东，但内涵是相同的，本书主要采用了终极控制人的提法。所谓终极控制人指在企业集团内部通过金字塔结构控制，具有绝对控制权的唯一的大股东。终极控制人通常应该满足以下条件：其拥有的控制权与其他股东相比具有绝对优势，且其地位相对独立，既不受任何公司的控制，也不受任何个人的控制。在我国，终极控制人主要为各级国资委、地方政府、自然人等。

各国学者对于终极控制人持有的控制权的界定标准并不一致，如 La Portar 等（1999）、Claessens 等（2000）选择了 20% 的标准来界定终极控制人的控制权，而在 Claessens（2002）及 Du 和 Dai（2005）的实证分析中，他们均采用了 10% 的标准界定。我国 2004 年修订的关于《公开发行证券的公司信息披露内容与格式准则第 2 号》中明确规定上市公司要披露“持有本公司 5% 以上（含 5%）股份的股东的名称、年度内股份增减变动的情况，其他持股在 10% 以上（含 10%）的法人股东，应介绍其成立日期、法人代表、注册资本主要经营业务等情况”。由此可见，5% 和 10% 是我国对于股东披露的两个界定标准。因此，本书最初选取 10% 作为判断的界定标准。

2.1.4.2 终极控制人的控制权、现金流权及两权分离

终极控制人作为上市公司最终的实际控制人，拥有对上市公司剩余收益的索取权和剩余控制权。其中，剩余索取权源于股东实际投入资本后所取得的股份比例，是指终极控制人能够从公司收益中获得的份额，通常以现金流权来表示，也称所有权。而剩余控制权则源于股东拥有的投票权，是指终极控制人对公司资源配置的决策权，通常以控制权来表示。现金流权是终极控制人与上市公司股权关系链条每层持股比例相乘或若干股权关系链条每层持股比例相乘之和。终极控制包括直接控制和间接控制两种方式，因此终极控制人的控制权是终极控制人与上市公司股权关系链条或若干股权关系链条中最弱的一层或最弱的一层的持股比例之和，具体计量方法在 La Portar 等（1999）的文献中有详细描述。

由于终极控制人可以利用金字塔、交叉持股等方式使其在拥有少量的现金流权的前提下而获得超额的控制权，即出现终极控制人的现金流权和控制权两权分离的现象。国内外学者大多采用两种方法来衡量两权分离度。一种是采用控制权与所有权的差值度量其分离程度；另一种是采用控制权与现金流权的比值度量这种分离度。两种方法都能从不同侧面对两权分离度进行了度量。本书主要借鉴了 Claessens 等（2002）的研究，采用控制权与现金流权的比值来度量两权分离度，若比值越大，表明控制权与现金流权的偏离越大，终极控制人获取控制权私人收益的动机越强。比值等于 1 时，表示两权未发生分离。该指标除了反映两权分离程度外，也体现了终极控股股东以较小的现金流权获取较大控制权的控制程度，具有一种以小博大的杠杆作用，称为“控制杠杆”。

2.1.4.3 终极控制人性质

本书所提到的终极控制人性质就是指终极控制人的所有权性质，即产权性质。按照终极控制人的产权性质划分，我国上市公司可分为政府控制与非政府控制两类。不同性质的股东在效率与代理问题的产生与解决方式上存在明显区别，因而导致其公司并购行为及效率存在明显差异。政府控制的公司按行政级别划分，又可分为中央政府控制与地方政府控制两种类型。由于各级政府权力和职能以及它们在资本市场的动机和行为不同，从而导致其利益趋动因素存在差异。另外，政府对企业生产经营的干预是所有处于转型经济时期政府的普遍特征，而地方政府对国有企业的行政干预在中国表现得非常明显。也就是说，相对于非政府控制和中央政府控制的企业，地方政府会利用控制的当地国企来实现其自身的利益，由此可能导致地方政府控制的企业面临更多的政府干预和掠夺效应。

2.1.4.4 金字塔结构

金字塔股权结构是终极控制人利用较低的现金流权对上市公司实现控制的主要方式之一，也是目前公司治理研究的热点。LaPorta 等（1999）认为，一个以 20% 或 10% 的持股水平为标准的金字塔股权结构应满足：处于最底层的上市公司拥有一个终极控制人，并且在底层公司与终极控制人之间的控制链上，至少存在一个公开上市公司。这个标准非常严格，它意味着如果在底层上市公司和终极控制人之间的控链中没有上市公司，则不被看作是金字塔股权结构。我国学者刘芍佳等（2003）对中国的金字塔股权结构进行研究时发现，按照 LaPorta 等（1999）严格定义的金字塔股权结构确定，我国由政府间接控制上市公司中只有 15 家符合此要求，而其余 821 家公司的控股股东都是未上市的国有企业和机构。为此，针对我国的特殊情况，他们放松了 LaPorta 等（1999）界定的金字塔股权结构标准，将非上市的控股公司也纳入研究范围，拓展后的金字塔股权结构的定义更有助于了解我国上市公司终极股权结构的状况。

终极控制人的控制权与现金流权分离通常被认为是金字塔股权结构的显著特征，然而根据我国学者研究发现，我国大部分上市公司，尤其是政府终极控制的上市公司，其控制权与现金流权并未发生分离或者分离度较小（叶勇、胡培等，2005；冯旭南、李心愉，2009；等等）。学者研究发现，即使在成熟的资本市场，金字塔股权结构也没有完全造成终极控制人两权分离，正如 Claessens 等（2002）所定义的，金字塔股权结构并不仅仅是终极控制人用于实现控制权与现金流权两权分离的工具，而是通过形成所有权链条直接或间接控制上市公司，也就是说，我们并不能将终极控制人两权是否分离作为金字塔结构界定的标准。

综上所述，本书应用的金字塔股权结构的具体定义为：在整个股权体系中，至少存在一个拥有10%的持股水平的终极控制人，从终极控制人到底层上市公司之间的控制链的层级大于等于2，并且终极控制人对于控制链中每个中间层公司而言都能实现控制的目的。本定义是在结合我国上市公司的具体情况，并借鉴国内学者的相关研究后形成的，它将终极控制人的控制权与现金流权未发生分离的公司以及中间层不存在上市公司的情况全部纳入金字塔股权结构的研究范围，能够直观反映中国上市公司股权结构的真实状况。在此基础上，本书以金字塔层级，即终极控制人控制链的长度作为金字塔股权结构的代理变量。如果终极控制人通过多条控制链控制上市公司，则主要关注最长的控制链，且以上市公司与终极控制人之间的控股层级作为控制链的长度。

2.2　公司并购动因理论

在西方发达资本主义国家，过去100多年历经的五次并购浪潮为并购的相关理论研究提供了丰富素材。现实经济生活中发生大量的企业并购活动，促使学者们探寻驱动企业进行并购的原因，并试图揭示隐藏在大量并购活动背后的真正动因。我们通过对有关文献的梳理，发现西方学者主要是从以下几个方面对并购的动因做出理论解释的。

2.2.1　协同效应理论

协同效应理论认为企业并购会产生“协同效应”。首先，企业并购有利于提高目标公司的管理效率并增加其自身的价值。Servaes（1991）研究发现，当一家经营较好的公司收购一家管理上低效率的目标公司，通过适当的并购整合，可能实现并购协同收益，增加目标公司的价值。其次，企业通过并购能够实现规模经济效应。Stigler（1950）研究发现，公司间的兼并可以形成市场垄断的格局或获得规模经济效应，无论是垄断利润的获得还是成本优势的获得，都有助于增加对市场的控制力，从而改善公司经营绩效。Arrow（1975），Klein、Crawford和Alchian（1978）等研究发现，横向兼并可以通过合并职能部门和销售网点来降低平均经营成本，而纵向兼并则可以降低谈判成本和交易费用。Weston、Chung 和 Siu（1988）则发现，企业可以通过兼并方式，使一种产品的生产能力扩展使用到相关产品上，以获得范围经济的协同效应。最后，企业通过并购可以降低内部融资成本，从而实现财务上的协同效应。Myers 和 Majluf（1984）研究发现，将有投资机会但缺乏资金的企业与有少量投资机会但有大量内部现金流的企业进行合并，可以获得较低的内部资本成本优势。Weston 等（2001）指出，通过并购实现的财务协同效应，也是并购协同效应的实现方式之一。

协同效应理论将企业假设成一个非人格化的“黑箱”，并得出并购活动能够提高公司经营业绩的推论。然而西方学者在对并购绩效进行的大量实证研究却发现：在并购过程中，虽然目标公司的股东获得了显著为正的超额收益，但收购公司的股东获得了显著为负的平均累积超额收益率。因此，传统上用来解释并购动因的“协同效应理论”受到了巨大挑战，这种收购公司积极实施并购行为与大多数并购未能为并购企业创造股东财富甚至毁损股东财富之间的悖论就构成了公司并购的“成功悖论”，也就是所谓的“公司并购绩效之谜”。当传统的并购协同理论无法解释并购的“成功悖论”时，人们的研究视角开始转向并购中可能包含的代理问题。

2.2.2 传统代理理论

西方学者主要依据委托代理理论，从代理冲突角度来解释所谓的“公司并购绩效之谜”。Berle 和 Means（1932）认为，现代公司股权高度分散，股东的所有权与经营权高度分离，而且公司的代理冲突主要是管理者与全体股东之间的利益冲突。因此在这样的公司背景下，当管理者掌握公司控制权时，公司并购活动可能成为管理者侵占股东利益的一种工具。1969 年，Mueller 提出管理主义假说，他认为公司管理者寻求并购是为了追求自身的私有利益，因为更大规模的公司将给管理者带来更高的薪酬和声誉资本。1986 年，Jensen 基于管理者和股东的代理冲突提出了自由现金流量假说，他认为在自由现金流量的使用上面，股东和经理之间存在利益冲突。当公司存在大量自由现金时，经理在个人利益最大化的驱动下，可能将公司的自由现金流投资于那些低收益的项目上，包括从事一些不能为股东创造价值的并购活动。

2.2.3 大股东“掏空”理论

传统代理理论对并购的解释是建立在 Berle 和 Means 的股权高度分散的公司背景下的，实证研究的数据主要来自于英美发达的资本市场。自 20 世纪 80

年代末以来，越来越多的实证研究表明，股权集中是公司股权结构的另外一种常态，在股权集中的情形下，公司容易出现控制性股东，在控制性股东与中小股东之间同样存在委托代理关系，当控制性股东的利益与中小股东的利益不一致时，将导致另一类代理问题的产生，即控股股东掠夺小股东（Shleifer 和 Vishny，1997），也称“第二类代理问题”。随后，La Porta 等（1999）、Clasessen 等（2000）、Faccio 等（2001）以及 Franks 和 Mayer 等（2001）的研究发现，在这些股权高度集中的公司存在一个最终级控制股东，终极控制股东通过直接或间接持股的方式达到对控制链终端企业的实际控制。此外，终极控制股东的控制权与现金流权的分离会产生了“隧道效应”，即终极控制人通过对小股东利益的剥削而获取控制权私人收益，从而降低了公司的价值。特别是在投资者法律保护较弱的国家，股权的高度集中形成的控制权和现金流的分离现象更为突出，而此时公司的并购活动中就有可能成为大股东侵占中小股东利益的工具。

2.2.4 管理者过度自信理论

继 Mueller 之后，Roll 于 1986 年提出了“自负假说”。该理论认为，在强有效的市场里，公司的市值已经基本反映了公司价值，但是企业管理者往往高估了自身的管理能力，在规划改造目标企业时过分乐观，以至于在资本市场上大规模高价收购其他企业，最后无法成功完成对目标企业的整合，从而导致并购失败，并把财富转移给了目标企业的股东。此外，自负假说并不假定管理者自私自利，管理者在决定并购重组之初可能抱有良好的意愿，但由于野心、自大或过于骄傲，在评估并购机会时犯了过分乐观的错误。过度自负假说是以强式效率市场为前提的，也就是说，股票价格可以反映所有公开和未公开的信息，生产性资源的重新配置不会带来收益，且无法通过公司间的重组与合并来改善企业的经营管理。但是在现实的经济体系中，强式效率市场是难以存在的，因此自负假说只能在一定程度上部分解释并购活动的产生。

2.2.5 内部资本市场理论

并购本身是一种投资行为，但并购又会影响企业的其他投资行为。收购后企业资金被依照收益前景来分配，并购相当于形成一个内部资本市场（Williamson，1970），而内部资本市场犹如一把“双刃剑”，在有效性和无效性两个不同的方向决定收购公司的投资效率。

2.2.5.1 内部资本市场有效性

在 Modigliani 和 Miller（1966）的经典文献中，资本市场是完美的，投资只会受到预期未来收益的影响，不会受到内部资金波动的影响。然而，Meyer 和 Kuh（1957）早就提出了资本市场的不完美性会使企业资本支出受到企业内部资金流量的限制，强调了企业投资中融资约束的重要性。由于资本市场的信息不对称、逆向选择问题，外部融资成本往往要高于内部资金成本（其差额被称为外部融资的代理成本），企业投资常常会面临融资约束。既然在不完全的外部资本市场上外部融资成本要大于内部资本成本，那么并购所形成的内部资本市场就应具有融资约束缓解效应。Stulz（1990）认为，由于企业多元化经营可以构建一个庞大的内部资本市场，一定程度上缓解外部融资约束并有效地解决企业投资不足问题，通过更多地抓住净现值为正的投资机会，从而提高股东价值。Stein（1997）认为，内部资本市场具有更多货币效应，内部资本市场可以缓解企业面临的信用约束，使企业获得更多的外部融资来满足净现值为正的投资项目资金需求，进而提升股东价值。

内部资本市场监督的有效性和资产再配置的优化也是内部资本市场在效性的重要表现。Gertner、Aifstein 和 Stein（1994）认为，在内部资本市场上，企业总部是资金使用部门资产的直接所有者，并拥有剩余控制权，而外部资本市场的出资者则不是资金使用部门资产的直接所有者。由于这一本质的区别，导致内部资本市场与外部资本市场在企业的信息传递、监督和激励等方面产生不同的效果。内部资本市场中，拥有剩余控制权的企业总部能更有效地监督和激励部门管理者。此外，“胜利者选拔”效应。Matsusaka 和 Nanda（2000）从信息优势的角度对内部资本市场与银行融资进行比较，认为处于信息优势的企业总部会将有限的资本分配到边际收益最高的部门实现“优胜者选拔”，这种资源配置的优化必将提升股东价值。

2.2.5.2 内部资本市场无效性

尽管上述研究对内部资本市场的有效性给予了充分肯定，但具有内部资本市场功能的多元化企业集团却普遍存在着折价交易现象，尤其是 20 世纪 80 年代美国出现的多元化集团解体成独立公司的浪潮，使学者再次关注存在于这些企业内部的资本市场究竟出了什么问题。Stulz（1990）也指出，企业多元化经营虽然可以更充分地把握净现值为正的投资机会，但同时可能引致过度投资。Jensen（1986）认为，企业管理者的自利倾向使得他们更愿意扩张公司的规模和资本，因此他们可能会利用对企业资金投向的实际控制权将多余的资金投在一些效益不理想的项目上，而多元化经营企业较强的举债能力和更多的自由现金流恰好为管理者提供了这一客观条件，使他们更容易获取私人收益而损坏股东利益。另外，Shin 和 Stulz（1998）、Scharstein（1998）认为，由于多元化公司内部存在代理问题和内部信息不对称，会导致企业总部在资源再配置时，出现相对好的部门投资不足而差的部门却投资过度的跨部门“交叉补贴”或公司“平均主义”现象，即公司总部通过无效率的交叉补贴，将资源分配到了非最高效率的分部，这会大大降低股东价值。

2.2.6　国内对公司并购动因理论的进一步发展

随着中国资本市场中公司并购活动的蓬勃发展，国内很多学者对西方并购理论在中国的适用性进行了检验，他们分别从管理主义假说（黄建欢，2003;）、自由现金流假说（曾亚敏、张俊生，2005；黄本多、干胜道，2008;）、管理者过度自信（傅强、方文俊，2008；吴超鹏、吴世农、郑方镳，2008；谢玲红等，2011）等几个角度来解释企业并购绩效。但是完全用发达资本主义国家的并购理论来解释处于市场经济还不够健全、整体社会经济处于转轨经济中的中国企业的并购行为，可能缺乏解释力和说服力。因此，我国的学者在探寻中国企业并购的动因时，结合中国的实际情况对并购理论做出进一步的发展。

2.2.6.1　刚性管制与机会主义重组理论

陈信元、叶鹏飞、陈冬华（2003）通过对 1993～2000 年上海证券交易所 1202 例上市公司重组事件的研究发现，上市公司出现的资产重组“井喷”现象，虽然短期内给企业带来巨额的账面收益，但从长期看，不能带来实质性的社会效益。他在解释原因时指出，1997 年以后我国宏观经济环境发生了较大的变化，但政府监管部门仍然沿用以前经济状况下制定的配股资格管制标准，这严重偏离了实际经济情况，于是许多上市公司通过采取“机会主义重组”的方式来粉饰财务报表，以规避这种不合理的管制标准，这也就是后来人们所说的“刚性管制与机会主义重组理论”。这一理论认为并购市场与政府行为有密切的关系，由于政府管制过于迂腐，导致资本市场上并购的大规模发生，这种并购本身可能并不能创造价值。由于该假说没有抓住上市公司重组的本质，所以也不能解释中国上市公司重组的运动发展规律以及价值创造问题。

2.2.6.2　体制因素下的价值转移与再分配理论

张新（2003）对 1993～2002 年中国上市公司的 1216 个并购重组事件采用事件研究法和会计指标研究法两种方法进行分析发现，并购为目标公司创造了价值，但毁损了收购公司的价值。他在系统评述西方传统并购动机理论的基础上，结合中国并购重组的市场动机与利益机制的特殊性，提出了“体制因素下的价值转移与再分配假说”。该理论认为，并购重组对并购双方产生了不同效应，这主要是因为中国上市公司的并购重组活动实际上是利益、价值在并购公司股东和其他利益相关者之间的一种再分配或者转移，从而并不能创造社会净价值。但是该理论认为并购重组从宏观上应该有潜力为股东创造价值，但由于可能受到市场风险、交易动机以及决策机制的影响，因此个别的并购重组活动不一定能够创造价值，所以该理论与“刚性管制与机会主义重组理论”相比，向前迈出了重要的一步。该理论最后还提出：需要通过扩大产业和股权结构的战略性调整和抑制不良动机对公司重组的负面影响，从整体上改变上市公司并购重组价值效应的现状，但它没有揭示公司重组价值创造的真正源泉。

2.2.6.3 掏空与支持理论

并购成为管理者侵占股东利益工具的前提是股权结构的高度分散，我国股权结构不是高度分散的而是高度集中的，所以主要代理问题是终极控制人与中小股东之间的代理冲突。因此，并购有可能成为控股股东掏空上市公司和侵占小股东利益的一种手段。基于这样一个特殊的制度背景，李增泉等提出了用来解释中国上市公司的并购行为的“掏空与支持理论”。李增泉、余谦和王晓坤（2005）实证检验了控股股东和地方政府的支持或掏空动机对上市公司长期市场绩效的影响。他们研究发现，上市公司对非上市公司的并购行为是地方政府和控股股东支持或掏空上市公司的一种手段，支持的目的是为了帮助上市公司满足监管部门对上市公司融资资格的管制要求，掏空则是赤裸裸的利益侵占行为，控股股东和地方政府的行为在很大程度上影响了中国上市公司并购的性质。

2.2.6.4 体制诱因下的价值创造理论

崔学刚（2007）研究发现，由于我国法律制度不完善，公司并购虽然具有创造价值的作用，但同时也暴露出许多不规范行为，这将进一步推动管理模式和体制的革新；反过来，随着体制革新的展开，中国上市公司并购重组中的不规范行为也能被抑制。在此研究基础上，他结合现有体制和管制模式与并购绩效的实证研究，提出了“体制诱因下的价值创造理论”。该理论认为，公司并购重组往往不是以追求公司价值创造效应为前提的，但是推动体制和管理模式的改变客观上为公司提高绩效创造了条件。因此，该假说在一定意义上遵循历史与逻辑的统一原则，揭示并购能够创造价值，由于当时我国正处于经济体制改革的高潮期，因此他预测在这一时期，由于体制的因素，我国上市公司将发生大规模、规范的重组行为。

2.2.6.5 政府干预并购理论

在现代市场经济条件下，并购重组是推动上市公司做大做强、实现资本市场资源优化配置功能的有效途径和重要方式。但是，目前我国并购市场上政府主导型的并购活动在整个并购市场上仍居主导地位，政府对公司并购的干预普遍存在。那么，为什么地方政府会干预辖区内国有企业的并购决策？潘红波（2008）用两种理论来解释了地方政府的干预动机，即地方政府的政策性负担和地方政府官员的政治晋升目标。在我国从计划经济走向市场经济的过程中，政府权力分配经历了从集权到分权的过程，地方政府因此获得了财政自主权、经济管权等权力，但同时就业、社会养老、社会稳定等社会目标也落到地方政府上。随着我国市场化程度的提高和民营企业的不断发展，许多中小企业尤其国有中小企业的经营举步维艰，濒临破产，这严重危及当地的就业、社会稳定等问题。面对这样的状况，地方政府通常可能采取两种措施来改善这种局面：一是地方政府直接对这些企业进行补贴；二是地方政府利用当地盈利企业来收购这些企业。特别是当地财政赤字越严重、失业率越高，地方政府干预当地企业并购的动机就越强。由于并购重组能在较短的时间内迅速扩大公司的规模，地方政府官员也常常利用并购做大企业，为自己的晋升创造条件。

还有些学者从不同角度研究了政府干预对并购决策与并购绩效的影响。方军雄（2008）研究发现，地方政府直接控制的企业更易实施本地并购，更多地实施无关的多元化并购，但中央政府控制的企业则可以突破地方政府设置的障碍，实施跨地区并购。这说明地方政府干预的背景下不同所有权性质所做的企业并购决策是存在差异的。潘红波、余桂明（2011）还研究发现，与民营企业相比，地方国企发生异地并购的概率较低；与同地并购比较，这种异地并购会导致消极的市场反应以及并购后企业的实际所得税税率和银行贷款成本显著增加。

第3章　文献综述

3.1　公司并购绩效评价方法的文献综述

3.1.1　国外文献综述

并购绩效与并购动因密不可分，因此，国外学者在对并购动因进行广泛研究的同时，也对并购绩效做了大量的实证研究。在研究过程中主要采取会计指标法和事件研究法两种方法，而且无论采用会计指标法还是事件研究法，收购公司并购后是否取得显著为正的并购绩效没有得到一致的结论。

3.1.1.1　基于会计指标研究法的实践检验

会计指标法又称经营业绩对比研究法，它常常用来对并购绩效进行中长期检验。该方法利用财务报表和会计数据资料，以盈利能力、市场份额、销售额和现金流量水平等经营业绩指标为评判标准，对比考察收购公司在并购前后或与同行相比的经营业绩变化。

Meeks（1977）研究了1964～1971年164例兼并事件，他以公司的利润为核心指标，其研究结果表明在兼并事件发生后，兼并公司的盈利能力显著下降。Karen 和 Schmidt（1988）采用会计收益率和投资者回报率对收购企业和目标企业并购后四年的业绩与并购前四年的业绩进行比较时发现，收购企业和目标企业并购的业绩都有所降低，特别是收购企业降低得更为明显。Healy、Palepu 和 Ruback（1992）在业绩计量方面，摒弃了可能受到人为操纵的会计数据而采用经营现金流量报酬的概念，他们发现，并购后现金流量报酬率呈递减趋势。Tsung-ming Yeh 和 Yasuo Hoshino（2002）比较并购前后五年间收购

公司的总资产收益率、净资产收益率、销售增长率、员工增长率等指标发现，上市公司收购后业绩下降。Jens Hagendor 和 Kevin Keasey（2009）以经营现金流量总资产收益率作为并购绩效的代理指标，对欧洲和美国银行业的并购事件进行研究发现，欧洲银行间的并购取得了正的回报，而美国银行之间的并购绩效为负。

3.1.1.2 基于事件研究法的实践检验

事件研究法（Event-Study Methodology）由 FFJR（Fama、Fisher、Jensen 和 Roll）于1969年提出的，目前在国际学术界已发展成为并购绩效研究中的主流方法，不仅如此，该方法还广泛应用于新股发行、增发股份以及盈利信息公告的市场反应等公司财务研究领域中。不同于会计研究法中采用的财务绩效，事件研究法中的市场绩效蕴含了市场对并购事件的预期，其适用性主要受到资本市场有效性限制，即要求公司的管理绩效能够充分反映到公司股票价格中。根据研究时期的长短，事件研究法可分短期事件研究和长期事件研究。

西方学者在运用事件研究法对并购绩效进行研究时，主要从收购公司股东收益、目标公司股东收益两个角度进行研究。第一，对于目标公司的并购绩效而言，几乎所有的实证研究表明，公司并购能为目标公司带来比较丰厚的收益。一般来说，其平均超额收益率在10%~30%。例如，Jensen 和 Ruback（1983）对20世纪70年代末完成的13篇关于美国并购活动的相关文献进行了回顾，发现在成功的要约收购和并购活动中，目标企业的股东分别获得了30%和20%的超额收益。Schwert（1996）研究了1975~1991年的并购事件后得出结论：在事件窗口内，目标公司股东的累积平均超额收益为26.3%。其他学者，如 Healy、Palepu、Ruback（1992）、Loughran 和 Vijh（1997）等在研究中也得出了相似的结论。第二，对于收购公司的并购绩效而言，国外学者们对于收购公司的并购绩效并没有取得一致的结论。一些实证研究发现收购公司的股东在事件窗口期获得了显著为正的超额收益率（Dodd 和 Ruback，1977；Ktunmer 和 Hoffineister，1978；Jarrell 和 Bradley，1980；Loderer 和 Martin，1990；Eckbo 和 Thorburn，2000）。但是在同一时期，甚至同一年，有些学者研究发现，收购公司的股东获得了显著为负的平均累积超额收益率（Healy 等，1992；Mitchell 和 Stafford，2000；Walker，2000；Delong，2001；Houston 等，2001）。此外，还有学者研究发现，收购公司在并购活动并没有给股东带来显著为正或是负的累积超额收益率（Mock 等，1990；Franks 等，1991；Mulherin 和 Boone，2000）。

3.1.2 国内文献综述

以西方的并购绩效评价方法为基础，国内许多学者从公司并购的中长期财务业绩和并购事件的市场反应（即事件研究）两个角度对我国上市公司的并购绩效进行了实证检验。与国外研究相似，无论是采用何种方法，对目标公司和收购公司并购后是否取得并购绩效都没有得到一致的结论。

在国内的研究中，一方面由于会计指标研究中的数据处理相对容易；另一方面由于证券市场的有效性存在争议，会计指标研究法至今仍然是国内研究并购绩效的主流方法，因此，国内学者基于会计指标法的并购绩效的实证检验有较多的研究成果。檀向球（1998）对沪市1997年的198个重组案例进行研究，建立了包括主业利润率、净资产收益率、资产负债率、主业业务利润率等九个指标的资产重组后绩效评价体系，结论认为，进行兼并扩张的企业绩效下降，发生股权转让的上市公司经营状况得到改善，进行资产剥离股权出售和资产置换的上市公司业绩显著提高。陈信元、原红旗（1998）以1997年发生重组的公司为样本，选择了重组前后公司的每股收益、净资产收益率、投资收益占总利润的比和资产负债率四个会计指标对绩效进行综合评价。研究结果发现，重组当年样本公司的每股收益、净资产收益率、投资收益占总利润的比例较重组前一年有所上升，而负债率则有所下降，结果表明重组是有效的。冯根福、吴林江（2001）选择了主营业务收入/总资产、净利润/总资产、每股收益及净资产收益率四项财务指标，首次采用因子分析法对样本企业并购绩效进行研究，结果发现公司业绩在并购重组当年或重组后次年出现正向变化，随后呈下降态势，并购重组没有带来公司价值的持续增长。李善民、朱滔（2004）以1999～2001年发生兼并收购的84家中国A股上市公司为样本，以经营现金流量总资产收益率来衡量和检验上市公司并购后的绩效，研究结果表明，上市公司并购当年绩效有较大提高，随后绩效下降甚至抵消了之前的绩效提高，并购没有实质性提高并购公司的经营绩效。宋献中、周昌仕（2007）以1998～2001年中国证券市场上发生的并购事件为样本，选择主营业务利润率、总资产报酬率、每股收益和净资产收益率四个指标进行主成分的分析，研究发现收购公司总体上没有获得长期超额收益，但不同类型的并购存在较大的差异。

近年来，国内学者对中国资本市场有效性的不懈研究为事件研究法在中国资本市场上的适用性提供了可靠的基础，由于该方法的突出优点在于理论基础严谨完善、研究过程简单清晰，并且由于我国上市公司普遍存在利润操纵问题，所以也有部分国内学者选择事件研究法对公司并购绩效进行评价。

陈信元、张田余（1999）以 1997 年沪市上市公司重组公司为样本，选取公告前后 31 个交易日进行事件研究，检验了并购重组对公司价值的影响，发现股权转让、资产剥离和资产置换类公司在公告前股价上升，之后下降，市场对并购重组没有明显反应。余光、杨荣（2000）以沪、深两市 1993 ~ 1995 年 38 起并购事件为样本，分别估计了并购企业和目标企业的异常收益，他们发现，沪市目标企业的（ -1，1）期间和（ -5，5）期间累计异常收益分别为 10.46% 和 14.28%，而且在 10% 的显著性水平下显著，但深市并购企业累计异常收益不显著。李善民和陈玉罡（2002）采用事件研究法，对 1999 ~ 2000 年中国证券市场深、沪两市 349 起并购事件进行了实证研究，结果表明，并购能给收购公司的股东带来显著的财富增加，而对目标公司股东财富的影响不显著。张新（2003）对并购重组事件是否创造价值的实证研究表明，并购重组为目标公司创造了价值，股票溢价达到 29.05%；对收购公司产生负效应，收购公司的股票溢价为 -16.76%。李善民、朱滔（2005，2006）采用长期事件研究法（BHAR），对我国沪、深两市的 1672 起并购事件进行了实证研究，结果表明，大多数收购公司股东在并购后 1 ~ 3 年内遭受了显著的财富损失。

3.2　公司并购绩效影响因素的文献综述

通过对以上国外并购绩效文献的梳理，可以看出，无论是绩效评价方法还是实证检验结果都存在很大的差异，存在所谓公司并购的“成功悖论”。理论研究与现实生活之间的矛盾引发了国内外学者的深思和总结，究竟哪些因素会影响到并购绩效呢？围绕这一问题，西方学者展开了进一步的深入研究，并产生了丰富的研究成果。下面将主要从股权结构、并购模式以及宏观环境三个方面对并购绩效影响因素进行讨论。

3.2.1　国外文献综述

3.2.1.1　股权结构对并购绩效的影响

股权结构与并购绩效关系的研究，实质上是研究代理问题对收购公司绩效的影响，有关代理问题可分为两个层面：

一是股权高度分散下管理者与股东之间的代理问题，由于股东不能完全地监督和控制管理者的投资决策，因此，管理者追求个人利益的代理动机成为推动企业并购的主要因素，并与并购重组的价值创造紧密联系在一起。Jensen 和 Murphy（1990）在研究混合并购时发现并购能为管理者提供更多的机会增加自身势力、声望以及薪酬；Bliss 和 Rosen（1999）在研究银行间并购中发现，即使并购后公司股价下跌，公司高管的薪酬和财富却在增加，这为管理者的代理行为提供了很好的证据；Lang、Stulz 和 Walking（1989）通过事件研究发现超常收益最低的并购公司具有低成长高现金流量特点，并且并购绩效与现金流量成负相关；Steven Freund 等（2003）实证表明，并购绩效与自由现金流量负相关，并且对于成长机会较少的公司，这种负相关关系更为显著；Grinstein 和 Hribar（2004）研究指出具有较高管理者权力的 CEO 具有更强烈的动机采用大规模的并购活动，获得高额报酬，资本市场对管理层权力推动下的企业并购给予了负面反应。

二是股权高度集中下大股东与中小股东之间的代理问题，由于广泛采用金字塔结构等控制权放大机制，控股股东能够以相对较小的代价获得公司控制权，从而具有很强的动力通过隧道行为侵占中小股东的利益，而并购很可能成为控股股东利益侵占的工具，并购绩效也因此会受到影响。有些学者认为，控制权在转移过程中产生的溢价被原控股股东独享，大股东通过控制权来攫取中小股东的利益。Bradley（1980）研究了美国控制权市场发生的 161 宗公司收购事件，发现收购方的平均收购出价高于被收购公司当时市场交易价格约 13%。Bae 等（2002）从掏空的角度对附属于韩国企业集团的上市公司进行的并购行为进行研究发现，附属于韩国企业集团的上市公司进行的并购，实质上是控股股东的一种掏空行为，即在控股股东的主导下，上市公司通过并购集团内业绩差的公司，在使控股股东自身利益最大化的同时，却使上市公司中小股东财富受损。Bigelli 和 Mengoli（2004）研究了意大利上市公司的并购，发现当收购方的两权分离度很高时，并购后市场对该并购普遍悲观，收购方的股票回报率明显较低，而且当收购双方在同一金字塔结构中时，收购方收购自己下层（上层）的公司时，其市场回报率明显为负（正）。Yen 和 André（2007）研究发现，股权集中度与公司并购绩效之间是非单调的线性关系，控股股东控制权与现金流权的偏离导致了公司并购绩效的恶化。

3.2.1.2 并购模式对并购绩效的影响

并购模式对并购绩效的影响主要是指各种不同的并购类型对并购绩效产生的影响。

（1）并购支付方式与并购绩效。从公司财务理论可知，并购支付方式包括现金和有价证券两种。不同的支付方式会对并购双方的股东收益产生不同的影响，主要表现在如下两个方面：一是税务因素。Eckbo（1983）提出纳税协同效应的观点，他认为以股票作为支付方式有延迟目标企业股东纳税和进行税种替代的功能，对目标公司股东有利；而采用现金方式支付时，目标公司股东必须立即支付资本利得税，这将降低目标公司股东的税后收益，但收购公司却因此增加了资产，从而提高了折旧避税额。二是信号传递因素。首先，不同的支付方式向市场传递了未来企业价值预期高低的信号，现金支付意味着并购公司股票价值被市场低估了，会使投资者产生并购公司价值被低估的预期，并购公司股票价值将趋于上升，股票支付则会向市场传递相反的信号（Myers 和 Maijluf，1984；Loughran 和 Vijh，1997）。其次，支付方式的选择传递了收购公司未来投资机会或现金流量情况的信号，选择现金支付表明其现有资产可以产生较大的现金流，或者表明其有能力充分利用目标公司所拥有的或由并购所形成的投资机会；而选择股票支付则会向市场传递不良信号，产生相反的效果。因此，从理论上来说，收购方采用现金并购的超常收益通常要高于股票并购。但是，也有学者得出不同结论。Louis（2002）发现，在采用现金并购时，收购方的长期超常收益为零，无显著差异，而股票并购收益则显著为负。Shieifer 和 Vishny（2003）则从行为金融的角度出发，提出导致分歧的主要原因是由于研究支付方式对并购绩效影响的条件不同造成的，当市场并不是完全有效的，支付方式本身并不会对并购双方收益产生影响，影响双方收益的是各自股票市值偏离真实价值的程度及方向。

（2）并购关联属性与并购绩效。关联交易是随着世界范围内公司组织形式和治理结构的演变而产生的。西方早期主要从交易成本角度出发研究关联交易，提出“业绩促进假说”，认为上市公司可以通过将外部交易内部化，降低由于市场不完善可能引起的交易不确定性和风险，提高运营效率（Khanna 和 PalePu，2000）；随着公司所有权结构呈现出越来越集中的趋势，关联交易更多的是被控股股东用来攫取私有利益和掠夺中小股东的工具（Dyck 和 Zingales，2004），从大股东控制的角度出现了“利益冲突假说”。

（3）并购的行业模式对并购绩效的影响。人们研究发现，按照行业属性划分的多元化并购与同业并购对并购绩效具有截然不同的影响，而关于多元化并购能否给股东创造财富，学者们也得到不同的研究结果。早期的学者研究发现，多元化并购是为了获取协同效应，所以并购方股东能够从并购中获益，而同业并购却带来负的效益（Elgers 和 Clark，1980；Schlpper 和 Thompson，1983；Chatterjee，1986）。但是，20 世纪 80 年代以后，学术界对多元化并购的态度基本由肯定转向否定。Sicherman 和 Pettway（1987）研究发现，相对于同业并购，多元化并购的收购方获得的超额收益更低；Morck、Shleifer 和 Vishny（1990）通过考察公司并购公告前后价值变化发现，多元化并购后收购方的股东价值减小；Lang 和 Stulz（1994）研究发现多元化公司相比所构造的单一业务组合公司具有更低的 Tobin Q；Gregory（1997）研究发现多元化并购在公告日后2年内平均累积超常收益显著为负，达到 -11.33%，而同行业并购在相同时间内累积超常收益为 -3.48%，两者差异显著；Berger 和 Ofek（1999）研究发现，归核化后公司累积超额收益为正，而且这些收益与公司由于实行多元化战略造成的价值损失显著正相关，这也间接证实了多元化并购的无效率。

（4）并购的其他类型对并购绩效的影响。国外对并购类型的研究，是将并购类型划分为要约收购和一般的兼并收购，得到的研究结论普遍认为，要约收购的并购绩效要好于一般的兼并收购，能获得更大的市场反应（Agrawal 等，1992；Cosh 和 Guest，2001），原因是要约收购常常是在目标企业管理层持反对态度下强行进行的并购，当更换成更有效的管理层后会因为管理效率的提高而获得更大的市场反应，尤其是在现金要约收购下（Loughran 和 Vijh，1997）。

3.2.1.3 宏观环境对并购绩效的影响

国外学者主要关注不同国家的法律制度及投资者法律保护强度对跨国并购的并购绩效产生的影响。Bris 和 Cabolis（2002，2008）研究跨国并购时发现，投资者保护程度的差异对目标公司和收购公司的并购绩效都有显著影响，因此他们认为加强对投资者法律保护的意义不仅在于法律对企业绩效的直接影响，还在于通过提高法律底线能促进公司内部治理机制的改善。Chari 等（2004）也发现，在发达国家收购新兴市场经济国家的并购事件中，目标公司获得了显著为正的收益，他们同样也关注了国家的法律制度对并购价值的影响；与此同时，人们还结合公司股权结构关注外部治理环境对公司并购绩效的影响。Bae 等（2002）以及 Bigelli 和 Mengoli（2004）研究发现，在投资者保护较弱的国家，公司并购被认为是控股股东获取控制权私益进行掏空的工具，所以并购给股东带来了严重的财富损失；而 Holmen 和 Knopf（2004）、Ben-Amar 和 André（2006）以及 Faccio 和 Stolin（2006）则研究发现，在投资者保护较强的国家，公司并购不是控股股东掏空的工具，而是为降低风险所选择的次优投资决策，因此并购并未给股东带来明显的财富损失，而是可能获得显著为正的收益。

3.2.2 国内文献综述

3.2.2.1 股权结构影响公司并购绩效的实证检验

由于我国股权结构的特殊性，国内的学者就股权结构对并购绩效的影响进行了大量研究。

首先，分析了不同股权性质的收购公司市场绩效。从 20 世纪 70 年代末开始产权改革，经济体制处于转轨时期，企业并购不仅是一种资源配置方式，而且是国有经济战略重组和国有企业产权改革的重要手段。因此，近年来国内学者开始结合上市公司制度背景，从不同角度研究了政府控制对并购绩效的影响。冯根福、吴林江（2001）、李善民、陈玉罡（2002）、李善民、朱滔（2004）、朱滔（2007）以及宋建波、沈皓（2007）在研究中指出，我国在股权分置时代发生的并购活动多是非市场条件下的政府行为，在国有控股企业并购过程中，政府官员会出于地方经济利益和政治目的，压低收购价格，提供优惠政策或者加强对公司并购行为的监督，从而导致国有企业短期绩效更好，但长期绩效较差。而非国有公司的并购行为既缺乏政策的支持又缺乏来自流通股东的制衡机制。因此，国有性质的收购公司比非国有性质的收购公司在短期内对市场绩效的改善作用更为显著，而随着并购后时间的拉长，这种改善作用越来越弱。

其次，分析了大股东控制对收购公司市场绩效的影响。我国上市公司的股权结构不仅表现为国有股占据主导地位，而且由于长期的股权分置导致其不能在二级市场上流通，股权高度集中，股权制衡的局面尚未形成，所以许多国内学者都从“大股东控制”的角度研究大股东的掏空与支持行为对并购绩效的影响。李增泉、余谦、王晓坤（2005）实证考察了控股股东和地方政府的支持和掏空动机对上市公司长期绩效的影响，指出控股股东或地方政府利用并购进行利益输送，长期看无论是股票投资收益还是会计收益都没有得到持续性改善。黄兴孪、沈维涛（2006）以我国上市公司发生的 331 起关联并购作为样本，分析大股东在关联并购中的动机，研究结果显示，大股东在与其控制的业绩良好的上市公司发生关联并购时表现出很强的“掏空动机”；业绩一般和较差的上市公司，则多表现为“支持”性行为。吴红军（2007）研究发现，控股股东自利性并购后两年，绩效和股价收益明显低于对比样本，充分说明控股股东自利性并购从上市公司转移了资源和利益，影响了上市公司的经营绩效和企业价值，损害了上市公司的长期发展潜力。许艳芳、文旷宇（2009）从掏空的视角研究控制权安排与上市公司长期并购绩效之间的关系。研究发现，控股股东持股比例越低，上市公司并购绩效越差；控股股东和上市公司之间的控制链条越长，公司的长期并购绩效越差；其他大股东对控股股东的制衡能力越弱，上市公司长期并购绩效越差。朱冬琴等（2010）选取上市公司 2004 ~ 2005 年发生的股权交易并购事件为样本，发现在民营上市公司中控制权以及控制权与现金流权的偏离和并购绩效间存在“U”形曲线关系：当控制权低于一定比例或两权偏离度较大时，并购绩效以最终控制者的壕沟防御效应为主，并购绩效降低；当控制权水平超过这个比例或者两权偏离度在较小的范围内，并购绩效会因激励效应提高。

3.2.2.2　并购模式对并购绩效的影响

国内上市公司兼并收购支付方式局限在现金支付或者无偿划拨之类的行政手段，使用股票支付的情况几乎不存在。因此，国内在上市公司兼并收购支付方式方面所能展开的研究十分有限，主要局限在规范讨论的范围内，实证研究较少。股权分置改革完成后，支付方式实现多元化，学者们也开始重视对支付方式的研究。曾颖（2007）运用市场模型检验股改后不同支付手段资产注入的市场反应，研究发现，与现金支付方式相比，公司以股权作为支付方式收购控股股东资产的市场反应更强烈，而以其他非现金资产作为支付手段则会产生负的财富效应，可见不同支付方式下的并购效应存在显著差异。宋希亮（2010）研究发现，支付方式不仅直接并购绩效，而且会通过影响成长机会、举债能力、控制权结构间接影响并购绩效，并且股票支付方式的并购绩效高于现金支付方式。

国内学者对关联交易并购绩效的研究主要是以西方现有的关于关联交易的研究作为理论基础，结合中国的特殊制度背景来展开的。李善民（2004）的研究发现，在存在关联交易的并购活动中，主并公司拥有被并公司的信息越多，越容易预期并购带来的收益。刘志强（2007）研究发现，由于关联企业间的资产重组大多可以实现改善上市公司的经营业绩和财务状况，促进公司规模经营、提高市场竞争力、降低交易费用等功能，因此，关联并购绩效要好于非关联并购。而宋献中、周昌仕（2007）则发现关联并购行为具有较强的投机性，关联收购公司的竞争优势要弱于非关联收购公司。刘揩（2009）对并购关联属性与并购绩效关系的研究发现，控股股东进行关联并购行为背后的动机隐藏比较深，短期内市场对关联并购有良好的预期；但从长期来看，控股股东“支持”行为背后的动机迥异，“价值创造”效应与“价值侵害”效应共存，因此，并购关联属性与长期市场绩效之间不存在显著的相关关系。

关于行业相关度与并购绩效两者之间的关系，国内的学者也进行了大量的研究，但结论并不一致。冯根福、吴林江（2001）研究发现，不同类型的并购活动并购后各年的绩效显示出一定的差异性，混合并购在并购后第一年的绩效较为显著；而横向并购绩效在并购后第一年并不显著，然后其绩效呈上升趋势，到并购后第三年，横向并购的绩效反而优于混合并购；纵向并购绩效明显不理想，尤其在并购第二年后呈快速下降趋势。范从来、范静（2002）结合并购公司所处行业分析发现，处于成长性行业的公司进行横向并购，绩效相对最好；处于成熟性行业的公司进行纵向并购，绩效相对最好；处于衰退性行业的公司进行横向并购，绩效相对最差。洪道麟、刘力、熊德华（2006）从并购角度考察我国上市公司的多元化战略与企业长期绩效之间的关系，他们研究发现，收购方的长期绩效显著为负，而多元化并购是造成这种现象的根本原因，同业并购对收购方的长期绩效没有显著影响。李善民、朱滔（2006）以1998～2002年发生于我国证券市场上的251起多元化并购事件为样本的研究认为，多元化并购会对股东财富造成损失。周小春、李善民（2008）以问卷调研获得的63家中国上市公司的并购交易为样本，实证研究发现，行业相关度对并购创造价值没有直接影响，但有正的间接影响。

关于并购区域属性的研究文献较少，至今未见系统实证分析并购区域属性的决定因素方面的文献。宋献中、周昌仕（2007）以1998～2001年沪深市上市公司的并购事件为样本，同区域公司并购后的超额收益明显低于跨区域公司并购后的超额收益。

3.2.2.3　宏观环境对并购绩效的影响

近几年国内学者也开始关注外部环境对并购绩效的影响，而研究的重点主要将政府干预作为一个外生变量，考察不同的政府干预强度对公司并购绩效的影响。潘红波、夏新平、余明桂（2008）发现，地方政府干预对盈利样本公司的并购绩效有负面影响，而对亏损样本公司的并购绩效有正面影响，而盈利样本公司的并购绩效与政治关联正相关，这表明政治关联可以作为法律保护的替代机制来保护企业产权免受政府损害。唐建新、陈冬（2010）研究发现，地区投资者保护是影响并购协同效应的重要因素，目标公司所在地的投资者保护程度越高，收购方公司获得的并购收益越大。潘红波、余明桂（2010）研究发现在民营企业在跨区域并购中，当并购公司的投资者法律保护水平高于目标公司时，并购公司能获得更高的超额收益。刘星、吴学娇（2011）研究表明，就盈利企业而言，地方政府干预对并购价值创造的负面影响在盈利企业中更加明显，而且实施并购的地方国企的行业特征会对政府干预与并购价值创造的相关关系产生调节效应。

3.3 本章小结

3.3.1 国外文献总结

通过以上国外相关研究文献的回顾，我们能够清晰地梳理出公司并购理论及绩效的国外研究动态。第一，综观西方的并购理论可以发现，不同的理论或假说之间没有一致的基础，各理论之间存在较强的独立性，而且在并购重组活动是否能创造价值这一核心问题上尚未形成统一认识，只是从多角度对并购绩效进行了解释。第二，从研究方法的应用来看，目前国外较少使用会计指标研究法对并购绩效进行检验，主要原因是由于国外资本市场非常成熟，基本满足了事件研究法对于外部资本市场有效的假设，因此，事件研究法已经发展成为西方研究并购绩效的主流方法。第三，从绩效的影响因素来看，国外对并购绩效的影响因素进行了大量的实证研究，实践结果表明并购支付方式、并购行业模式、并购关联属性以及并购的区域模式等因素都不同程度地影响并购绩效，同时，以股权结构为逻辑起点的公司代理问题也是影响并购绩效的重要因素；此外，随着公司内部代理冲突的演进变化，并购活动可能成为控股股东剥削中小股东的一个合法利益输送的工具。因此，用终极控股股东与中小股东之间的代理问题来解释并购绩效已逐渐成为这一领域最新的研究视角。

3.3.2 国内研究的不足

通过对国内文献的梳理，我们发现国内研究存在以下不足：

（1）国内学者将西方经典理论与中国实际结合，提出了许多具有中国特色的并购理论，特别是李增泉等（2005）第一次将大股东“掏空”理论用在解释中国上市公司的“并购绩效之谜”，他虽然考虑了控股股东和地方政府的“掏空”动机对并购绩效的影响，但是他并未揭示不同类型的控制权如何控制“掏空”行为；虽然后来的学者也有从控股股东的控制权安排（黄兴孪、沈维涛，2006；许艳芳、文旷宇，2009）、民营控股股东的控制权和现金流权分离（朱冬琴等，2010）等角度研究并购绩效，但多是未结合我国终极控制的制度特征或者只关注终极所有权结构的某一个方面展开研究的。

（2）国内现有的研究者从收购方的股权结构、并购的交易特征以及行业相关度等多个角度对公司并购绩效的影响因素进行了实证检验，发现以上因素对于公司并购绩效均有不同程度的影响。然而，在研究中国企业的并购投资行为时，仅仅考虑上述因素的影响是不够的，还要考虑中国转型经济这一特殊制度背景，这种制度背景的最明显表现就是“政府干预”。因此，一些学者开始尝试从政府干预的视角来研究中国企业并购投资行为（方军雄，2008；潘红波等，2008），但是大多数学者分析探讨的注意力往往集中在公司本身的产权性质，很少有文献去结合公司的金字塔层级来探讨并购绩效。根据国内外研究表明，金字塔结构可以保护公司的产权免受政府干预。在中国目前制度环境下，不完善的法律法规尚难以制约政府的行为，由此引发的问题是，在我国法律保护水平较弱的环境下，金字塔结构是否可以保护公司的并购行为免受政府干预？为此，本研究进一步研究当政府利用其所控制的国有上市公司的投资活动来履行其经济与政治目标时，金字塔结构是否可以保护公司的投资行为免受政府干预，这对现有相关研究是有益的补充。

（3）国内现有的文献主要关注的是从不同并购动因或影响因素去解释并购绩效问题，而很少将公司并购动因、并购行为方式以及并购绩效有机地联系起来去挖掘并购动因影响并购绩效的内在传导机制和作用机理。本研究拟从并购模式的角度去进一步检验终极控制人影响公司并购绩效的作用机制，期望对现有文献有所补充。

（4）新兴、转轨的双重特征又使我们对我国上市公司的治理问题进行研究还必须对上市公司所处的特殊治理环境进行分析（夏立军、方铁强，2005）。但在现有的研究中，几乎没有学者将我国市场化进程的治理环境与终极人控制的制度背景相结合来研究并购绩效，期望本研究的结论会丰富现有研究。

（5）从并购绩效的评价方法来看，国内学者更倾向于选择会计指标研究法来评价公司并购绩效，但由于选择不同的财务指标，使得不同研究结论之间缺乏可比性；少数学者虽然也应用事件研究法进行评价，但由于样本选择的随意性、事件日和事件期选择的不合理等问题，研究结果的差异很大。本研究认为，我国在股权分置改革完成后，将逐步进入“全流通”时代，采用事件研究法这一国际主流方法来研究并购绩效，有利于与国际接轨，增强与国外研究的可比性，同时还能从一定程度上反映出上市公司并购与资本市场发展的互动关系。

通过以上对国内外研究文献的回顾，我们可以发现终极控制人是国内外学者对并购绩效问题进行解释的一个新的切入点，而目前国内相关的研究在内容上有许多空白需要填补，研究体系也有待完善。本书正是基于以上考虑，选择了这一问题，试图建立一个完整的，基于终极控制人视角的公司并购绩效的研究框架，同时也为我国市场化改革的政策效果进行检验，进而对改进上市公司的治理和健全中小投资者的法律保护体系等方面提出有效的政策建议。

第4章　终极控制人现金流权、两权分离与并购绩效

公司并购一直以来都是世界各国学者讨论并研究的重要话题。西方学者在对并购绩效进行实证研究中发现：在并购过程中，虽然被收购公司的股东获得了正的超额收益，但收购公司的股东却不一定能够获得显著为正的累积超额收益率（Bruner，2002）。这种收购公司积极实施并购行为与大多数并购未能为并购企业创造股东财富甚至毁损股东财富之间的悖论就构成了公司并购的“成功悖论”，也就是所谓的“公司并购绩效之谜”。那么，究竟是什么因素影响公司并购绩效呢？西方学者最早是以 Berle 和 Means（1932）所描述的公司股权高度分散为背景，从外部股东和内部管理者之间的代理冲突角度来解释这一问题。但到了20世纪90年代人们发现，在世界上大部分国家和地区，公司股权结构的主要形态是股权集中，而公司治理中的代理问题也由股东与经理人之间的冲突转化为公司内部的控股股东与公司外部的中小股东之间的代理冲突。随后，Faccio 等（2001，2002）、Maury 和 Pajuste（2002）等诸多学者研究发现，这些股权高度集中的公司存在一个最终的控制股东，终极控制人通过直接或间接持股的方式达到对控制链终端企业的实际控制，并且终极控制人的控制权与现金流权的分离会产生“隧道效应”，即终极控制人对中小股东进行利益的侵占。并购属于公司重大的可观察的经营活动，体现了公司内部各利益集团的利益博弈，并使终极控制人与中小股东之间所蕴含的代理冲突显现出来。因此，并购也就可能成为终极控制人剥削中小股东的一个利益输送的工具，特别是在那些投资者法律保护较弱的国家，终极控制人往往通过并购的方式获取控制权私利（Bae 等，2002；Denis ，2003；Bigelli 和 Mengoli，2004），并购绩效也因此会受到影响，而且终极控制人的控制权与现金流权两权偏离程度越大，公司并购绩效越差（Yen 和 André，2007）。可见，随着公司内部代理冲突的演进变化，用终极控制人与中小股东之间的代理冲突来解释“并购

绩效之谜”已逐渐成为这一领域最新的研究视角。

国内学者同样认识到，以股权结构为逻辑起点的公司代理问题也是影响中国上市公司并购绩效的重要因素，特别是李增泉等人（2005）第一次将大股东“掏空”理论用于解释中国上市公司的“并购绩效之谜”，但是他并未结合终极控制人及其特征来揭示控股股东的掏空动机对并购绩效的影响；后来的学者虽然也分别从控股股东的控制权安排（黄兴孪、沈维涛，2006；吴红军，2007；许艳芳、文旷宇，2009）、民营控股股东的控制权和现金流权分离（朱冬琴等，2010）等角度研究了公司并购绩效，但多是从终极所有权结构的某一个方面展开研究的，都不够全面和深入。由于历史的原因，我国上市公司股权结构高度集中，产权性质呈多元化，终极控制人与中小股东的利益冲突在我国上市公司中表现尤为突出，而且我国普遍存在对中小股东保护的缺失，相关法律体系很不完善。因此，终极控制人的控制权私人收益普遍存在。基于此，本章试图从终极控制人的角度出发，选取终极控制人特征的典型变量——现金流权及两权分离度来检验其对并购绩效的影响；另外，本章还尝试检验公司高自由现金流、低成长性对以及终极控制人产权性质是否会进一步影响终极控制人利用并购活动攫取控制权私人受益的行为。

本章以 2007 ~2010 年我国上市公司的股权收购、资产收购以及直接吸收合并等扩张性并购事件为研究样本，实证检验终极控制人的现金流权以及两权分离对公司并购绩效的影响。研究结果表明，大部分的收购公司并购后 1 ~2 年内长期市场绩效都有所下降，股东遭受了严重的价值损失；控制了终极控制人的控制权后，终极控制人的现金流权与公司并购绩效正相关，而现金流权与控制权的分离会导致公司并购绩效的恶化；进一步研究还发现，高自由现金流和低成长性会加强终极控制人两权分离对公司并购绩效的负向影响，而终极控制人两权分离对公司并购绩效的负向作用在非政府控制的上市公司更加显著。本章的主要贡献在于：第一，在实证上采用了长期持有超常收益（BHAR）来评价收购公司的并购绩效，并在此基础上检验终极控制人的现金流权及两权分离对公司并购绩效的影响，这是对我国现有公司并购绩效的评价方法以及影响因素研究的进一步丰富与补充；第二，本章的研究结论，不仅为我国收购公司并购行为的“成功悖论”提供了直接证据，也从终极控制人特征角度提供了大股东通过并购扩张行为对中小股东进行利益侵占的证据；第三，本章结合终极控制人性质来研究两权分离导致的并购绩效差异，这对于认识我国上市公司现阶段大股东（家族）控制下的公司并购行为具有重要意义。

本章其他部分结构如下：第一部分是理论分析与研究假设；第二部分是研

究设计；第三部分为实证检验与结果分析；第四部分是结论。

4.1　理论分析与研究假设

代理理论认为，控制股东的控制权对公司的影响可以表现为两种相反的效应。一方面，控制性股东的存在使其有动机监督管理者采取正确的经营决策，解决了股权分散情况下，小股东监督管理者的“免费搭车”问题，从而提高公司绩效；另一方面，控制性股东在同外部中小股东一样共享现金流权收益的同时，通常还能够获得中小股东不能得到的独享控制权私人收益。由此可见，控制性股东有动机通过扩张性投资扩大公司的控制性资源，以获取更多的控制权私人收益(Shleifer和 Vishny，1997；Pagano 和 Roell，1998)。但是，如果控制性股东的现金流权与控制权是相等的，那么他要想获得控制权私人受益，必须为此付出相应的成本与代价，因此，在这样的情况下，控制性股东就不存在故意损害公司价值的动机。但是如果控股股东背后仍存在其他控制实体，并可进一步追溯至终极控制人，终极控制人通过金字塔结构等持股方式来增强控制权，造成控制权与现金流权的严重偏离，这种低现金流权与高控制权的非匹配，促使终极控制人有动机和能力去侵占其他中小股东的利益。终极控制人通常通过较高的控制权优势制定有利于自身利益的公司财务决策，从而为获取控制权私人收益创造了条件（Dyck 和 Zingales，2004），例如通过贷款担保、多元化投资以及关联并购等多种方式转移公司资源以追逐自身私利，侵占中小股东的利益。所以，终极控制人对控制权私有收益的追逐，成为公司进行无效并购的主要驱动因素，并且终极控制人两权分离程度越高，可获得的控制权私有收益越大，那么终极控制人对中小股东利益侵占动机越强，并购就真正成为他们谋取控制权私有收益的工具。但当现金流权水平较高时，终极控制人与公司的利益趋于一致，转移公司资源的成本增大，从而会在一定程度上抑制其侵占中小股东利益的动机（Yeh，2005）。因此，较高的现金流权可以视为终极控制人向外部投资者所做的放弃控制权私人收益的一种承诺，当大股东有较高的现金流权时，并购中的代理问题也将得到缓解。在我国转型经济的制度背景下，上市公司处于大股东超强控制状态，已有研究表明：现阶段，我国公司治理的主要矛盾可能为终极控制人与中小股东之间的利益冲突（刘芍佳、孙霈、刘乃全，2003；叶勇、刘波等，2007），与此同时，国内学者还以我国上市企业为依托围绕终极控制人控制权与现金流权的偏离对公司业绩与价值的影响进行了广泛研究（苏启林、朱文，2003；王鹏、周黎安，2006；王鹏，2008），研究结果一致表明，在我国目前投资者法律保护偏低的制度背景下，控制权私人收益广泛存在。基于此，我们提出以下假设：

假设1：终极控制人的现金流权对公司并购绩效有正面的激励效应。

假设2：终极控制人两权分离度越大，公司并购绩效越差。

Jensen（1986）提出了著名的自由现金流理论，他认为公司的自由现金流对代理问题产生重要影响。当公司拥有较多的自由现金流时，代理矛盾和冲突会更为严重；反之，当自由现金流受到约束时，公司内部的代理问题会得到一定程度上的缓解。这里提到的代理问题主要存在于管理者与股东之间。但在股权集中或相对集中的情况下，自由现金流约束是否对控制性股东与中小股东间的代理冲突同样具有缓和作用呢？近年来，国外学者围绕这一问题进行了深入的研究。Richardson（2006）构建了自由现金流的过度投资模型，并且研究发现过度投资集中于自由现金流很高的公司。Bozec 和 Laurin（2008）研究发现，控制股东的两权分离程度和自由现金流越大，其对上市公司中小股东的侵害动机和能力就越强。由此可见，如果企业拥有的自由现金流量丰富，或者说公司可支配资源丰富，为控制股东获取控制权私利创造了重要的物质条件；如果企业拥有的自由现金流较少，在一定程度上能够抑制控制股东获取控制权私人收益的行为。另外，Lang 等（1991）的研究发现，低成长性、高自由现金流量的并购公司超常收益率最低，其收购收益随自由现金流量的增长而下降。也就是说，具有很好的投资机会和成长性的公司能够更好地使用公司内部的资源，因此，并购就极有可能是有效的。反之，由于上市公司本身缺乏成长性，而大量自由现金流量的存在会刺激私有收益的神经，因此，企业的低成长性和丰富的自由现金流极可能产生代理问题，而公司并购往往是无效率的。基于此，国内学者也尝试结合自由现金流和成长性对公司价值及投资效率进行了实证检验。杨淑娥和苏坤（2009）研究发现终极控股股东的两权偏离对公司绩效存在负向影响，而且较少的自由现金流量能够有效地约束终极控制人的攫取行为。俞红海等（2010）研究发现控股股东的存在会导致公司过度投资，而且两权分离度和自由现金流越大，过度投资越严重。杨兴全等（2011）的研究也证实了终极控制人的两权分离程度会降低公司资本投资的价值，而且在高自由现金流和低成长性的公司，这种现象更严重。因此，我们提出如下研究假设：

假设3：公司的高自由现金流和低成长性将进一步加强终极控制人的两权

偏离对公司并购绩效的负向影响。

金字塔式的股权结构使终极控制人以较少的现金流权获得了较高的控制权，从而加重了代理问题，即终极控制人通过两权分离以达到利益侵占的目的。但是不同性质的股东在效率与代理问题的产生与解决方式上会存在明显区别（Denis 和 McConell，2003）。我国政府控制上市公司金字塔股权结构的建立，是转型经济市场下政府对企业实现管理分权的有效方式，在这种体制下，金字塔股权结构常常可能成为法律保护机制的替代，在一定程度上会降低公司受到直接的政府干预，从而提高公司决策效率和业绩（Fan 等，2005；程仲鸣等，2008）；与政府控制的上市公司相比，非政府控制的上市公司始终面临着融资与资本的“瓶颈”，并且由于难以获得政府资源的支持，终极股东通过金字塔式的股权结构放大控制权并采取隧道行为从上市公司转移资产成为其当然选择，而且我国非政府控制的上市公司不存在政企不分的情况，终极控制股东为了追求自身利益最大化，通过扩大现金流权与控制权的分离度，以较小的成本获取较高的私人收益的动机就会更加强烈。罗党论和唐清泉（2008）研究发现，只有在非政府控制的上市公司中，金字塔控股结构中的所有权分离度、控制层级高低对中小股东利益的侵害产生了显著的影响，而在政府控股上市公司中没有观察到这种显著的影响。所以，我们认为，终极控制人通过两权分离度的扩大而对中小股东利益的侵占行为在非政府控制的上市公司中体现得尤为明显。基于此，本章提出如下假设：

假设 4：终极控制人两权分离对公司并购绩效的负向作用在非政府控制的上市公司中更加显著。

4.2　研究设计

4.2.1　数据来源与样本选择

4.2.1.1　数据来源

本研究所使用数据主要来源于深圳市国泰安信息技术有限公司开发的 CSMAR 系列研究数据库系统和由北京大学中国经济研究中心与北京色诺芬公司联合开发的 CCER 中国经济金融数据库系统。具体数据来源如下：

（1）原始样本来自 CSMAR 数据库《中国上市公司并购重组数据库（GTA_

MA）2010》中提供的2007～2010年的并购事件。

（2）使用的月收益率、流通市值及年末收盘价均来自CSMAR数据库中《中国股票市场交易数据库（GTA_ TRD）2011》，其中个股月收益率数据是数据库中提供的考虑现金红利再投资的月个股回报率，此收益率已经对分红、配股等做了相应调整，减弱了这些与并购无关事件对公司股票收益率的影响。

（3）使用的主要财务数据来自《中国上市公司财务报表数据库（GTA_ FS）2011》和《中国上市公司财务指标数据库（GTA_ FR）2011》；公司最终控制人的相关数据来自《中国上市公司股东研究数据库（GTA_ HLD）2011》和《CCER上市公司治理结构数据库》。

4.2.1.2 样本选择

CSMAR并购重组数据库中，提供了2007～2010年发生的所有涉及上市公司的股权收购、资产收购以及直接吸收合并事件，共计3756起，其中包括了同一公司的多次并购事件。根据研究需要，我们按照以下标准对样本事件进行了筛选，不满足的予以剔除。样本筛选标准如下：

（1）收购公司（买方企业）是上市公司。

（2）并购公告时间完整，且并购成功。

（3）剔除上市当年并购的样本，以避免新上市带来的波动。

（4）考虑到金融保险行业的特殊性，剔除收购公司属于金融保险业的并购事件样本。

（5）在搜集并购样本的过程中，我们发现有部分上市公司在事件期内发生了多次并购，为了保证并购事件期的相对清洁，同时为了最大限度地保证有效样本量，对于在2007～2010年中发生多次并购事件的公司，我们只选择第一次并购。

（6）首次公告发布的当月即为事件月，但如果样本首次公告当月无法取得交易数据的，至多只能向后顺延调整2个月，仍取不到数据的样本予剔除。

为了保证终极股东的有效控制，我们选取控制权至少在10%以上的样本。另外，公司终极控制人的相关数据无法确定以及研究所用的财务数据发生严重残缺的样本，本书也将其剔除。经筛选，最终选取了988起并购事件作为并购绩效研究的有效样本，具体样本分布情况如表4－1所示。

表4-1 样本选取与分布

年份	2007	2008	2009	2010	合计
初始样本数	899	937	930	990	3756
按筛选标准剔除的样本数	409	631	728	833	2601
剔除终极控制人及其他财务数据残缺的样本数	65	42	29	31	167
最终样本数	425	264	173	126	988

4.2.2 模型的设计与变量定义

首先，为了检验终极控制人的现金流权及两权分离对公司并购绩效的影响，本书参考借鉴国内外相关长期市场绩效影响因素的文献构建了模型1和模型2。如果模型1中的Cr系数显著为正，说明终极控制人的现金流权对并购绩效具有“激励效应”；如果模型2中的Dev系数显著为负，说明终极控制人两权分离越大，公司并购绩效越差。

$$BHAR = \alpha_0 + \alpha_1 Vr + \alpha_2 Cr + \alpha_3 Amount + \alpha_4 Age + \alpha_5 EPS + \alpha_6 Size + \alpha_7 Clev + \sum Year + \sum Ind + \varepsilon \quad (1)$$

$$BHAR = \alpha_0 + \alpha_1 Vr + \alpha_2 Dev + \alpha_3 Amount + \alpha_4 Age + \alpha_5 EPS + \alpha_6 Size + \alpha_7 Clev + \sum Year + \sum Ind + \varepsilon \quad (2)$$

其次，为了进一步检验自由现金流和成长性与终极控制人两权分离及并购绩效之间的关系，我们在模型2的基础上分别引入了交互变量Hfcf×Dev和Hgrow×Dev构建了模型3和模型4。在模型2中的Dev系数显著为负的基础上，模型3中的Hfcf×Dev及模型4中的Hgrow×Dev系数都能显著为负，说明高自由现金流和公司的低成长性会加剧终极控制人的两权分离度对并购绩效的负面作用。

$$BHAR = \alpha_0 + \alpha_1 Vr + \alpha_2 Dev + \alpha_3 Hfcf \times Dev + \alpha_4 Hfcf + \alpha_5 Amount + \alpha_6 Age + \alpha_7 EPS + \alpha_8 Size + \alpha_9 Clev + \sum Year + \sum Ind + \varepsilon \quad (3)$$

$$BHAR = \alpha_0 + \alpha_1 Vr + \alpha_2 Dev + \alpha_3 Hgrow \times Dev + \alpha_5 Hgrow + \alpha_5 Amount + \alpha_6 Age + \alpha_7 EPS + \alpha_8 Size + \alpha_9 Clev + \sum Year + \sum Ind + \varepsilon \quad (4)$$

在本书中，模型中的BHAR（即长期持有超额收益）被定义为并购事件公告后1~2年内的收购公司的市场绩效。BHAR衡量了持有公司股票并一直到事件期结束其实际收益率超过预期收益率的大小。BHAR规避了事件期内公司股票价格波动的影响，能够较好地评价事件对于公司长期市场绩效的影响。

由于在较长的事件期中可能影响股票收益率的因素很多，在计算长期持有超额收益（BHAR）时，应尽可能地对这些影响因素进行控制，以降低这一指标的计量误差。国外学者通常借鉴 Fama 和 French（1992，1993）的研究成果，计算 BHAR 时通常对公司规模和权益账面—市值比进行控制。国内学者研究结果表明，中国股票市场同样也存在显著的规模效应和权益账面—市值比效应（汪炜、周宁，2002；吴世农、许年行，2004）。因此，本书借鉴李善民、朱滔（2006）的方法，在计算收购公司从并购公告月开始到并购后 24 个月的 BHAR 时，对公司的规模效应和权益账面—市值比效应进行了控制。具体计算公式如下：

$$BHAR_{iT} = \prod_{t=0}^{T}(1 + R_{it}) - \prod_{t=0}^{T}(1 + ER_{it})$$

其中 $BHAR_{iT}$ 是收购公司 i 在并购前后［0，T］期间的 BHAR 值，R_{it} 是收购公司 i 在并购公告前后第 t 月的实际收益率，ER_{it} 表示收购公司 i 在并购公告前后第 t 月的预期收益率，t = 1 表示并购后 1 个月，依此类推。T 是本书研究的并购事件考察期间的月份数，分别为并购后 6 个月、12 个月、18 个月和 24 个月。

ER_{it} 的计算比较复杂。首先，我们计算公司第 k - 1 年的权益账面/市值比（BM = 每股权益/年末收盘价），并按照从小到大排序后，均分成 5 组；其次，我们以第 k 年 6 月公司的流通总市值作为公司规模的代理变量，同样也从小到大排序后，均分成 5 组；再次，我们采用交叉分组的方法，将每一年中所有上市公司的 BM 和规模组合，由于交叉组合，所以能够分成 25 组；最后，我们计算每年中这 25 组公司等权月平均收益率，该收益率就是该组合在第 t 月的平均收益率 ER_{it}。收购公司在第 k 年中所在组就是该公司的对应证券组合，该组合的 ER_{it} 就是收购公司的预期收益率。模型中具体变量的定义见表 4 - 2。

表 4 - 2　主要变量定义与说明

变量名称	变量代码	变量说明
长期持有超额收益	$BHAR_{12}$	并购后一年市场绩效
	$BHAR_{24}$	并购后两年市场绩效
控制权	Vr	终极控制链上最小的所有权，如果存在多条链条控制，则是所有链条上的控制权之和

续表

变量名称	变量代码	变量说明
现金流权	Cr	终极控制链上每一层所有权的乘积
两权分离度	Dev	控制权/现金流权，越大表示现金流权相对控制权分离程度越高
自由现金流	FCF	并购前一年末并购方自由现金流；等于经营现金净流量 -（折旧 + 摊销）/总资产
自由现金流哑变量	Hfcf	当 FCF 大于或等于样本中位数时，Hfcf 取值为 1；否则取值为 0
成长性	Growth	并购前一年营业收入增长率
成长性哑变量	Hgrow	当 Growth 小于或等于样本中位数时，Hgrow 取值为 1；否则取值为 0
并购规模	Amount	交易总价/并购前一年期末总资产
公司年龄	Age	并购方上市至并购的年限的自然对数值
每股盈余	EPS	并购前一年末并购方每股盈余（净利润/普通股总股数）
公司规模	Size	并购前一年年末并购方的总资产自然对数值
长期负债率	Clev	并购前一年年末并购方长期负债与总资产比率
年度控制变量	Year	2007 ~ 2010 年共 4 年，设置 3 个控制性哑变量
行业控制变量	Ind	行业控制变量

4.3　实证检验与结果分析

4.3.1　主要变量的描述性统计与分析

受到研究时间的限制，我们只能得到截至 2011 年 12 月 31 日的个股和市场交易数据，因此，我们统计的 BHAR 在（0，24）时间段内的样本公司数量有所减少。表 4 - 3 和图 4 - 1 考察了收购公司从并购当月开始直到并购后 2 年内 BHAR 的基本情况。

从表 4 - 3 和图 4 - 1 我们可以看到，整体而言，收购公司股东在并购后 2 年内的 BHAR 呈不断下降趋势。从均值来看，除 6 个月内的 BHAR 为正，其余全部为负。从表4-3的统计检验来看，BHAR的中位数和均值具有一定差异，中值的显著性明显高于均值的，这说明BHAR可能不服从正态分布，那么中位数就更可靠。而中位数检验结论表明，从并购当月开始，收购公司BHAR中位数就一直保持为负，并且均在1%的显著性水平下拒绝为0；在并购后6个月的时间内BHAR达到-6.8%，在并购后1年的时间内BHAR达到-8.9%左右，在并购后1.5年时间内BHAR达到-13.6%左右，在并购后2年时间内BHAR下降至-18.6%。也就是说，收购公司在并购发生两年内，股东财富损失约为12%。与此同时，BHAR的正值比率也较低，仅维持在35%左右。可见，大部分的收购公司发生并购后长期市场绩效都显著小于零，并购后股东遭受了严重的价值损失。

表4-3 长期持有超额收益（BHAR）的统计检验

计算月份	样本数	均值	T值	中位数	Z值	正值率
(0, 6)	988	0.001	0.089	-0.068***	-4.867	40.02%
(0, 12)	988	-0.004	-0.634	-0.089***	-6.329	36.81%
(0, 18)	988	-0.011*	-1.419	-0.136***	-7.541	34.17%
(0, 24)	862	-0.025	-1.199	-0.186***	-6.767	33.87%

注：①平均值采用T检验方法，中位数采用Wilcoxon秩和检验方法；②*、**、***分别表示10%、5%、1%的水平上显著。

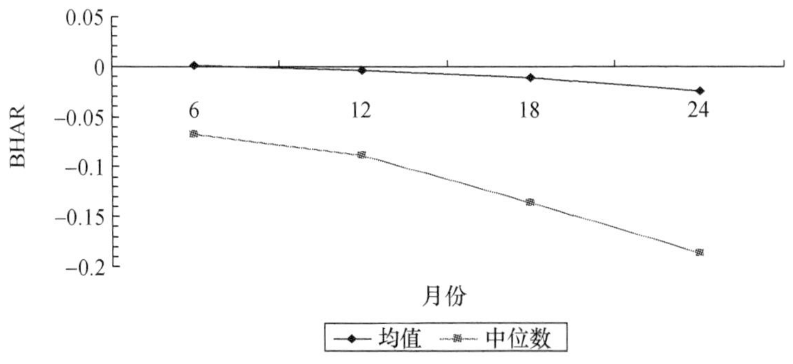

图4-1 收购公司BHAR时序分布图

为了消除极端值的影响，我们对样本数据进行了Winsorize处理。从表4-4的描述性统计我们可以看出，并购后一年的市场绩效（$BHAR_{12}$）及并购后两年的市场绩效（$BHAR_{24}$）的均值与中位数都小于零，这说明并购并未给收购

公司股东创造财富。控制权（Vr）的均值和中位数分别为 38.1409% 与 36.995%，说明收购公司是处于终极控制人的有效控制下。从两权分离度（Dev）的指标来看，最小值为 1.000，最大值为 5.7472，均值为 1.9977，这说明收购公司的终极控制人控制权与现金流权的分离是客观存在的。

表 4-4 主要变量的描述性统计

变量	样本数	均值	中位数	标准差	最小值	最大值
$BHAR_{12}$	988	-0.0043	-0.083	0.5651	-1.6667	4.9395
$BHAR_{24}$	862	-0.0253	-0.1851	0.8202	-2.5409	11.4934
Vr	988	38.1409	36.995	15.0251	10.32	74.99
Cr	988	32.4516	30.1741	16.7191	2.7676	73.86
Dev	988	1.9977	1.000	0.7841	1.000	5.7472
FCF	988	0.0321	0.0331	0.078	-0.2235	0.233
Growth	988	0.2977	0.1446	0.925	-0.6206	7.4681
Amount	988	0.1511	0.0209	0.5224	0.0003	4.1825
Age	988	1.8646	2.1972	0.8328	0	2.8904
EPS	988	0.3604	0.288	0.4898	-3.54	5.89
Size	988	21.5014	21.3534	1.2052	18.0716	27.6251
Clev	988	0.0814	0.0355	0.1082	0	0.4784

表 4-5 BHAR 的组间比较

	N	$BHAR_{12}$				N	$BHAR_{24}$			
		均值	T 值	中位数	Z 值		均值	T 值	中位数	Z 值
Cr≥中位数	494	0.053	3.194***	-0.052	3.743***	437	0.067	3.311***	-0.125	3.938***
Cr<中位数	494	-0.061		-0.104		425	-0.118		-0.231	
Dev>1	532	-0.068	-3.871***	-0.100	-3.736***	470	-0.0995	-2.874***	-0.231	-4.111***
Dev=1	456	0.071		-0.049		392	0.0618		-0.117	

注：①平均值采用 T 检验方法，中位数采用 Wilcoxon 秩和检验方法；②*、**、***分别表示 10%、5%、1%的水平上显著。

为了进一步描述 BHAR 与各变量之间的关系，我们还按照主要变量分组对 BHAR 进行统计检验。表 4-5 是 BHAR 的组间比较检验结果，$BHAR_{12}$和$BHAR_{24}$的比较结果差异不大。从表 4-5 我们发现，高现金流权子样本的

BHAR 明显高于低现金流权子样本的 BHAR，这说明现金流权越高，公司长期并购绩效越好；两权分离度高的子样本的 BHAR 也明显低于两权分离度低的子样本的 BHAR，说明两权分离度越高，公司长期并购绩效越低。总之，描述性统计结果基本与我们的研究假设相一致。

4.3.2 终极控制人现金流权、两权分离与并购绩效的检验

表 4-6 是收购公司终极控制人现金流权、两权分离与并购后一年及并购后两年的绩效检验的结果。从表 4-6 的模型 1 和模型 4 可以看到，控制权本身与公司并购绩效并没有显著的关系；模型 2 和模型 5 显示，在控制了控制权变量后，终极控制人的现金流权 Cr 与 $BHAR_{12}$ 及 $BHAR_{24}$ 都在 1% 水平上显著正相关，假设 1 得到验证，说明终极控制人的现金流权越高，其越有动机促使经营者采取有效的并购决策，这也证实了终极控制人现金流权存在"激励效应"。从模型 3 和模型 6 我们看到，无论是并购后一年，还是并购后两年，终极控制人的两权分离度 Dev 与并购绩效都负相关，只是在并购后两年，这种负相关的关系更显著，说明终极控制人的控制权与现金流权偏离对公司并购绩效产生负向影响，而且这种作用在并购后两年更显著，假设 2 得到验证。也就是说，终极控制人的两权分离程度越大，他们通过并购投资攫取中小股东的行为可能越严重，并购绩效也就越差。

表 4-6 终极控制人现金流权、两权分离与并购绩效的检验结果

变量	$BHAR_{12}$			$BHAR_{24}$		
	模型 1	模型 2	模型 3	模型 4	模型 5	模型 6
Vr	-0.0003 (-0.8623)	-0.0065 (-1.2721)	-0.0004 (-1.0285)	-0.0022 (-0.8806)	-0.0051 (-1.2801)	-0.0024 (-0.9318)
Cr		0.0072*** 2.6662			0.0076*** 4.8220	
Dev			-0.0016 (-0.7502)			-0.0098** (-2.3703)
Amount	0.1020*** (2.9769)	0.1077*** (3.0812)	0.1020*** (2.9776)	0.1450*** (6.7709)	0.1513*** (7.2207)	0.1443*** (6.6165)
Age	-0.0283*** (-6.1394)	-0.0330 (-1.2632)	-0.0282*** (-6.1851)	-0.0698** (-2.5253)	-0.0751*** (-2.8608)	-0.0690** (-2.5466)

续表

	$BHAR_{12}$			$BHAR_{24}$		
	模型 1	模型 2	模型 3	模型 4	模型 5	模型 6
EPS	0.1043*** (17.0092)	0.0989** (22.1483)	0.1043*** (14.9452)	0.1524*** (17.0938)	0.1501*** (16.0280)	0.1521*** (17.2410)
Clev	-0.0475 (-0.7483)	-0.0150 (-0.0952)	-0.0488 (-0.7568)	-0.1690 (-1.2802)	-0.1420 (-1.0530)	-0.1770 (-1.2837)
Size	-0.0640*** (-4.9658)	-0.0614*** (-3.7049)	-0.0640*** (-4.9750)	-0.1167*** (-4.5836)	-0.1127*** (-4.5729)	-0.1167*** (-4.5809)
Cons	1.3802*** (5.1779)	1.3030*** (3.7463)	1.3833*** (5.1217)	2.5921*** (5.7047)	2.4781*** (5.8054)	2.6110*** (5.7706)
Year	控制	控制	控制	控制	控制	控制
Ind	控制	控制	控制	控制	控制	控制
N	988	988	988	862	862	862
Adj_R^2	0.0453	0.0563	0.0453	0.0656	0.0714	0.0662
F 值	14.890	10.100	14.960	5.595	7.404	5.689

注：①括号内为相应系数的 T 值；②***、**、*分别表示在 1%、5%、10% 的水平上显著。

4.3.3　基于自由现金流和公司成长性的进一步检验

表 4-7 是基于自由现金流和公司成长性检验两权分离对并购绩效影响的结果。基于稳健性的考虑，我们仍然选择了并购后一年及并购后两年的绩效做进一步的分析。从结果发现，模型 1 和模型 3 中 Dev × Hfcf 的系数都在 1% 的水平上显著为负，这说明公司较高的自由现金流加剧了两权分离度对并购绩效的负面影响；模型 2 和模型 4 中的 Dev × Hgrow 系数也都在 1% 的水平上显著为负，这说明公司较低的成长性同样也加强了两权分离度对并购绩效的负面影响，假设 3 得到验证。也就是说，公司较高的自由现金流和较低的成长机会，都会进一步强化终极控制人通过并购侵占中小股东利益的行为。

表 4-7 基于自由现金流和公司成长性检验两权分离对并购绩效影响的结果

变量	$BHAR_{12}$		$BHAR_{24}$	
	模型 1	模型 2	模型 3	模型 4
Vr	-0.0003 (-0.52)	-0.0002 (-0.39)	-0.0019 (-0.7348)	-0.0017 (-0.6889)
Dev	0.0259 (1.01)	0.0271* (2.00)	0.0380 (0.9968)	0.0186 (1.2695)
Hfcf	-0.00260 (-0.45)		-0.0302 (-1.4044)	
Dev × Hfcf	-0.0328*** (-4.36)		-0.0203*** (-3.7946)	
Hgrow		-0.0150 (-1.51)		-0.0817 (-1.5690)
Dev × Hgrow		-0.0364*** (-7.04)		-0.0938*** (-5.0207)
Amount	0.1030*** (2.96)	0.0974*** (2.98)	0.1469*** (6.2506)	0.1509*** (5.8733)
Age	-0.0163 (-1.30)	-0.00320 (-0.32)	-0.0701*** (-2.5895)	-0.0699** (-2.2625)
EPS	0.1268*** (11.84)	0.1249*** (10.20)	0.1592*** (23.5236)	0.1665*** (22.1052)
Clev	-0.0787 (-1.56)	-0.0904 (-1.49)	-0.1570 (-1.1673)	-0.1450 (-1.0044)
Size	-0.0664*** (-3.36)	-0.0656*** (-3.12)	-0.1201*** (-5.5327)	-0.1260*** (-6.4095)
cons	1.3072*** (3.17)	1.3234*** (3.02)	2.6030*** (7.3707)	2.7629*** (8.1099)
Year	控制	控制	控制	控制
Ind	控制	控制	控制	控制
N	988	988	862	862
Adj_ R^2	0.0432	0.0453	0.0675	0.0716
F 值	8.725	8.464	8.51	8.49

注：①括号内为相应系数的 T 值；②***、**、*分别表示在 1%、5%、10% 的水平上显著。

4.3.4 基于终极控制人产权性质的进一步检验

表4-8是进一步检验终极控制人的产权性质对两权分离与并购绩效关系的影响。我们按照终极控制人的性质不同，将全样本分为国有上市公司与民营上市公司两个子样本分别进行回归。从结果看到，选择 $BHAR_{12}$ 作为并购绩效变量时，虽然无论是国有上市公司样本还是民营上市公司样本，Dev 系数都为负且不显著，但比较两个样本 Dev 的系数及 T 值后我们发现，民营上市公司的两权分离对并购绩效的负面影响略强一些；而选择 $BHAR_{24}$ 作为并购绩效变量时，国有上市公司样本中 Dev 的系数为负且不显著，但在民营上市公司样本中，Dev 的系数为负并且在1%的水平上显著，假设4得到验证。也就是说，终极控制人的两权分离度对公司并购绩效的负向作用在非政府控制的上市公司中更加显著，这也进一步说明非政府控制的上市公司其终极控制人通过两权分离度的扩大对中小股东利益的侵占行为更严重。

表4-8 基于终极控制人产权性质的进一步检验结果

变量	$BHAR_{12}$		$BHAR_{24}$	
	政府控制	非控制政府	政府控制	非控制政府
Vr	-0.0004 (-0.43)	-0.0002 (-0.47)	-0.0037* (-1.89)	-0.0001 (-0.03)
Dev	-0.00600 (-0.36)	-0.00170 (-1.00)	-0.0135 (-0.56)	-0.0147*** (-7.28)
Amount	0.1565*** (2.98)	0.0596 (1.17)	0.2502*** (2.77)	0.0566** (2.50)
Age	-0.0208* (-1.92)	-0.0370 (1.37)	-0.0710*** (-3.21)	-0.0626 (-1.18)
EPS	0.1281*** (4.54)	0.0862** (2.26)	0.2311*** (7.33)	0.0317 (1.09)
Clev	-0.0680*** (-4.90)	-0.0556* (-1.72)	-0.1130*** (-7.37)	-0.0974** (-2.43)
Size	-0.0148 (-0.18)	-0.203 (-0.82)	-0.1434*** (-3.34)	-0.104 (-0.42)
cons	1.4211*** (4.69)	1.1109* (1.68)	2.5014*** (7.57)	2.2178*** (2.98)

续表

变量	$BHAR_{12}$		$BHAR_{24}$	
	政府控制	非控制政府	政府控制	非控制政府
Year	控制	控制	控制	控制
Ind	控制	控制	控制	控制
N	561	427	508	354
Adj_ R^2	0.0569	0.0219	0.121	0.0220
F 值	12.16	7.931	11.74	7.754

注：①括号内为相应系数的 T 值；②***、**、*分别表示在 1%、5%、10% 的水平上显著。

4.3.5 稳健性检验

出于稳健性考虑，本章还做了如下检验：

（1）我们对 $BHAR_{24}$ 再次进行了分段检验，检验结果如表 4－9 所示。从表 4－9 中发现，Dev、Dev × Hfcf 以及 Dev × Hgrow 在并购绩效差（$BHAR_{24} < 0$）的公司中作用显著，而在并购绩效好（$BHAR_{24} > 0$）的公司中作用并不显著，这进一步说明两权分离、充足的自由现金流和较低的公司成长性都是公司进行无效率并购的动机和条件。

（2）对于收购公司预期收益率（ER_{it}），我们按照李增泉等（2005）的做法，首先在每个月末把市场上所有的上市公司按照流通市值从小到大排序，并等分成 10 组；其次将每一家公司所在组的平均投资收益作为该月对应的预期收益率；最后利用 BHAR 的计算公式获得事件期所需的数值并带入到相关模型中进行回归，检验结果没有发生实质性变化。

（3）为了进一步净化并购事件期的清洁，我们将样本中进行了多次并购的公司全部剔除，然后重新计算 BHAR 并进行回归，结果仍然支持本书假设。

（4）参照国外经典文献，终极控制人的有效控制比例通常是取 10% 或 20%（La Porta，1999；Faccio 和 Lang，2002），出于稳健性的考虑，我们又选择 20% 作为终极控制人的控制比例，对样本进行重新筛选，然后再进行相关检验，检验结果没发生变化。限于篇幅的影响，稳健性检验结果没有全部列示。

表 4-9　$BHAR_{24}$ 分段回归结果

变量	$BHAR_{24}>0$			$BHAR_{24}<0$		
	模型 1	模型 2	模型 3	模型 4	模型 5	模型 6
Vr	-0.00140 (-0.7631)	-0.00140 (-0.7559)	-0.00180 (-1.0257)	-0.0003 (-0.3831)	-0.0002 (-0.2087)	-0.0001 (-0.0446)
Dev	0.0925 (1.1825)	-0.00740 (-0.5232)	0.0840 (0.6939)	-0.0011*** (-2.6579)	0.0102** (2.5333)	-0.00140 (-0.9212)
Hfcf		-0.0161** (-2.0469)			0.0148 (0.6077)	
Dev × Hfcf		0.2612 (1.6806)			-0.0034* (-1.7130)	
Hgrow			0.0411 (0.5789)			-0.0388 (-0.5956)
Dev × Hgrow			-0.0373 (-0.2614)			-0.0231*** (-2.8748)
Amount	0.0530* (1.8523)	0.0468** (1.9977)	0.0499** (2.4140)	-0.0129 (-0.6069)	-0.0139 (-0.6774)	-0.00940 (-0.4840)
Age	-0.1239** (-2.2817)	-0.1257** (-2.5751)	-0.1241** (-2.1790)	-0.00740 (-0.9356)	-0.00770 (-0.9390)	-0.0108 (-1.0514)
EPS	0.1877** (2.2726)	0.1894** (2.0801)	0.1857** (2.4409)	-0.0500*** (-3.2354)	-0.0524*** (-3.2162)	-0.0391*** (-5.5600)
Clev	0.0686 (0.5888)	0.0643 (0.6223)	0.0513 (0.4742)	-0.0820*** (-3.4072)	-0.0791*** (-3.6449)	-0.0952*** (-3.5147)
Size	-0.1652*** (-53.4850)	-0.1616*** (-56.8114)	-0.1629*** (-11.2286)	-0.0194 (-1.1767)	-0.0200 (-1.1826)	-0.0271** (-2.4566)
cons	4.1229*** (11.0478)	4.2205*** (13.2438)	4.1105*** (10.7999)	0.116 (0.3750)	0.105 (0.3424)	0.223 (0.9554)
Year	控制	控制	控制	控制	控制	控制
Ind	控制	控制	控制	控制	控制	控制
N	292	292	292	570	570	570
Adj_ R^2	0.0717	0.0793	0.0697	0.0614	0.0622	0.0703
F 值	5.817	4.438	3.194	5.903	4.329	3.181

注：①括号内为相应系数的 T 值；② ***、**、* 分别表示在 1%、5%、10% 的水平上显著。

4.4 结 论

现阶段我国上市公司治理的主要矛盾是终极控制人与中小股东的利益冲突，本章基于这一视角，以 2007 ~ 2010 年我国上市公司的扩张性并购事件为研究样本，实证检验了收购方并购后 1 ~ 2 年内的并购绩效以及终极控制人的现金流权和两权分离对公司并购绩效的影响。研究发现：①大部分的收购公司在发生并购后的 1 ~ 2 年内长期市场绩效都有所下降，总体来说并购给收购公司的股东带来了财富损失。②控制了终极控制人的控制权后，终极控制人的现金流权与公司并购绩效正相关，而现金流权与控制权的分离会导致公司并购绩效的恶化。也就是说，终极控制人的现金流权是具有“激励效应”的；但随着控制权与现金流权的分离程度增大，终极控制人通过并购投资攫取中小股东的动机就越强烈，并购绩效也就越差。③高自由现金流和低成长性会强化终极控制人两权分离对公司并购绩效的负向影响，这进一步说明自由现金流与公司成长性不仅影响管理者与股东之间的代理冲突，对终极控制人与中小股东间的代理问题也具有不可忽视的作用，高自由现金流和低成长性会进一步加剧终极控制人对中小股东利益的侵占。④两权分离度对公司并购绩效的负向影响与终极控制人的产权性质也密切相关，并且这种负相关关系在非政府控制的上市公司中更加显著。本章的结论不仅有助于我们认识现阶段我国上市公司并购投资行为的经济后果，而且还从终极控制人特征角度提供了大股东通过并购扩张行为对中小股东进行利益侵占的证据，这对于促进我国特殊制度背景下的终极控制人攫取行为约束机制具有重要的理论和实践意义。

第5章　终极控制人性质、金字塔层级与公司并购绩效

西方学者主要是从代理冲突的角度去解释“公司并购悖论”。当管理者在企业中处于强势地位并控制了公司的并购决策权时，并购活动是管理者侵占股东利益的工具。公司高管为了提高自身势力、薪酬和财富，并购后公司绩效下降（Jensen 和 Murphy，1990；Bliss 和 Rosen，1999），而且在高自由现金流量和低成长机会的公司，这种代理问题会更严重，因此并购绩效也就更差（Steven Freund 等，2003）；与此同时，Grinstein 和 Hribar（2004）研究指出具有较高管理者权力的 CEO 具有更强烈的动机采用大规模的并购活动，获得高额报酬，资本市场对管理层权力推动下的企业并购给予了负面反应。当股东在企业中处于强势地位时，并购活动则可能沦为大股东侵占中小股东利益的工具。在控股股东的主导下，上市公司通过并购实现自身利益最大化的同时，使上市公司中小股东财富受损，即并购实质上是控股股东的一种掏空行为（Bae 等，2002），而且控股股东控制权与现金流权的偏离会加剧公司并购绩效的恶化（Bigelli 和 Mengoli，2004；Yen 和 André，2007）。随着中国资本市场中公司并购活动的蓬勃发展，国内很多学者对西方并购理论在中国的适用性进行了检验，他们分别从管理主义假说（黄建欢等，2008）、自由现金流假说（曾亚敏、张俊生，2005；黄本多、干胜道，2008；等等）、管理者过度自信（吴超鹏等，2008；谢玲红等，2011；等等）等角度来解释企业并购绩效；与此同时，正如第4章所述，LoPorta 等（1999）的关于终极产权制度的研究也同样为中国上市公司并购动因的研究提供了一个新视角，国内学者尝试分别从大股东“掏空”理论及终极控制人两权分离等角度解释中国上市公司的“并购绩效之谜”（李增泉等，2005；许艳芳、文旷宇，2009；朱冬琴等，2010；等等）。但是完全用发达资本主义国家的并购理论来解释处于市场经济还不够健

全，整体社会经济处于转轨经济中的中国企业的并购行为，很显然是缺乏解释力和说服力的。

在我国转型经济和转型社会的特质中，有相当一部分资源掌握在政府手中，因此政府控制的企业在上市公司中占据了很大比例，同时亦有许多的民营企业通过各种途径成功上市。从终极控制人的产权性质划分，我国上市公司可分为政府控制与非政府控制两类；从终极控制人的控制方式划分，我国上市公司可分为直接控制与间接控制两类。有学者研究表明，不同产权性质的股东在代理问题的产生与解决方式上存在明显区别（Denis 和 McConell，2003）。政府控制的公司按行政级别划分，又可分为中央政府控制与地方政府控制两种类型。在中国现有的分权体系下，由于各级政府权力和职能不同，其利益趋动因素的差异必将导致它们在资本市场的动机和行为的不同（夏立军、方铁强，2005）。另外，转型经济时期政府的普遍特征可能主要表现在政府对企业具体经营活动的干预，尤其是地方政府对国有企业的行政干预在中国表现得非常明显。地方政府的行政干预成为影响企业决策与行为的主要方面，政府职能转换的进程比较缓慢（曾庆生，2006；陈信元、朱红军，2007；肖成民等，2008）。也就是说，相对于非政府控制和中央政府控制的企业，地方政府会利用控制的当地国企来实现其自身的利益，由此可能导致地方政府控制的企业面临更多的政府干预和掠夺效应。

中国目前不完善的法律法规还难以制约政府的行为，那么企业如何避免政府过度的干预呢？学者们从一系列的国有资产管理体制改革的经验中发现，加大政府与国有企业之间的控制层级，可以削弱政府干预的力度。也就是说，金字塔股权结构可以保护公司的产权免受政府干预（Frye，2003；Fan 等，2005）。但是，在我国法律制度不完善的环境下，当政府利用其所控制的国有上市公司的投资活动来履行其政策性或政治性目标时，金字塔股权结构是否也可以保护公司的并购行为免受政府干预呢？

基于此，本章以 2007～2010 年我国上市公司的股权收购、资产收购以及直接吸收合并等扩张性并购事件为研究样本，实证检验终极控制人的产权性质、政府控制类别以及金字塔层级对公司并购绩效的影响。研究结果发现，政府控制的上市公司，尤其是地方政府控制的上市公司存在着因政府干预而导致的无效并购行为，并且结果显示，金字塔结构能够抑制政府干预对并购绩效的负面影响，这种作用也是在地方政府控制的企业中表现得更加明显，这说明金字塔结构作为法律保护的替代机制可以保护公司行为免受政府干预的影响；在中央政府控制与非政府控制的公司，政府干预对并购绩效的影响不明显，因而金字塔的保护效应也没有体现。本章的主要贡献在于：第一，通过国有产权及政府控制类别这一视角考察政府干预对并购绩效的影响，为理解经济转型期的政府干预理论提供了直接证据；第二，已有研究表明，金字塔结构并不仅仅代表着政府“掏空”效应，它还有可能对公司具有支持或保护效应，尤其是在法律保护水平较弱环境下，这种作用更加明显。本章的研究结论则从公司并购的视角为金字塔的保护效应提供了证据，因而拓展了关于新兴市场国家金字塔结构作用的研究。

本章其他部分结构如下：第一部分是制度背景与研究假设；第二部分是研究设计；第三部分为实证检验与结果分析；第四部分是结论。

5.1　制度背景与研究假设

首先，我国的证券市场脱胎于转轨经济，上市公司中政府控制的国有企业比例较大，政府的动机将对其控制的上市公司经营行为产生重要影响。Lin、Cai、Li（1998）研究发现，在转型社会和转轨经济中，政府控制的企业可能更多地承担了政府的经济发展战略、就业、税收、社会稳定等多重负担。这些政策性目标的承担模糊了政府控制公司的价值创造与提升目标，使得公司的经营活动偏离公司价值最大化目标，反映到并购投资问题上就是进行盲目的扩大规模、重复建设等无效率的并购行为。陈信元、黄俊（2007）的研究发现，政府直接控制的上市公司出于政治目标和社会职能的考虑，更可能进行降低公司绩效的多元化经营。其次，从转型经济背景下企业代理的视角来看，政府控制的企业产权模糊，投资风险和由决策失误导致的损失常常可能不需要企业经理承担，但投资带来的收益却能为他们带来众多私利，因此他们有强烈的动机做大企业（秦朵、宋海岩，2003）。另外，政府控制的企业存在复杂的委托—代理关系，所以在“所有者虚置”和“委托人行政化”的情况下，显性激励不足和负激励缺乏的管理层会为了自身的最大控制权收益而从事非效率投资（柳建华、魏明海，2007）。由于产权模糊，极易造成政府控制企业的“内部人控制问题”，企业经理在较容易获得政府的支持，比如土地、税收和资金等方面，这样企业能涉足更多的领域，拓展企业发展空间创造了机遇，这同时也将使企业经理获得更多的报酬、升迁机会以及社会声誉。因此他们对扩张性的并购抱有很大的期望，甚至不惜代价盲目扩张进行无效并购。再次，基于业绩的薪酬决策无法在国有企业得到有效实施，政府对管理层报酬实施薪酬管制，受到管制的外生薪酬安排缺乏应有的激励效率（陈冬华，2005）造成国有企业管理层激励约束机制的缺失。对于公司经营目标的扭曲及管理层激励约束机制的缺失，容易导致资本配置的低效率（方军雄，2007），发生无效并购投资行为。最后，从法律监督与约束的方面来说，相对于非国有控制的公司来说，法律制度对于政府行为难以起到有效约束与监督的功效（夏立军、方铁强，2005）。综上所述，由于政府控制的企业存在政策性负担、内部人控制、管理层激励约束机制的失效及法律监管的不力等问题，使得政府控制公司的并购投资效率更低。基于此，我们提出如下假设：

假设1：相对于非政府控制的公司而言，政府控制的公司并购绩效更差。

在我国转轨经济过程中，由于各级政府的权力和职能不同，不同的利益驱动因素导致他们在资本市场上行为也有所差异。首先，中央与地方政府的分权导致了两者在并购行为干预上的价值取向产生了差异。对中央政府来说，可能更多注重战略性并购，只干预大型国有企业的并购或行业性垄断企业的分拆，打破条块分割，因此可以预见，中央政府控制进行并购重组可以提高企业的并购绩效。地方政府在财政分权的过程中逐步地确立了独立的利益主体地位，这使得地方政府有动力去保护作为他们税基的当地公司；与此同时，地方政府虽然获得了更多的财政与经济管理自主权，但是也必须承担相应的社会目标，如实现扩大就业与社会稳定等（Lin 等，1998；潘红波等，2008）。陈信元和黄俊（2007）研究发现，地方政府为了降低地方失业率、帮助本地企业脱贫解困以及缓解财政资金不足，大力主导其直接控制的企业进行兼并和重组。显而易见，企业由于承担了政府的社会性职能必然促使其经营目标的多元化，从而偏离企业价值最大化的经营目标，进而损害企业并购绩效。其次，由于经济绩效指标是地方政府官员选拔和提升的重要标准（Li 和 Zhou，2005），所以资本投资扩张就成为地方政府通过其控制公司拉动当地 GDP 增长的直接方式，因此，为了实现地方政府官员个人的职位晋升目标，地方政府有更加强烈的动机对公司并购活动进行干预，而结果往往形成由于干预过度造成的“拉郎配”式的并购行为发生，这显然不利于并购绩效的实现。相对于地方政府而言，中央政府由于掌握了丰富的财政资源，没有过多的政策性负担和政治目标，所以他们对于自身控制的公司并不具有强烈的干预动机，因此，反而可能有利于并购绩效的实现。最后，从中央政府控制公司和地方政府控制公司面临的监督程度来看，两者存在很大的差别。一方面，中央政府控制的公司和地方政府控制的公司面临的监管主体不同。中央政府控制的公司受国务院国有资产监督管理

委员会的直接领导和严格监管，而地方国有控制公司面临着来自当地政府或者当地国有资产管理机构的监管，但是这种内部的监管职能发挥得十分有限（徐丽萍等，2006）。另一方面，中央政府控制的公司和地方政府控制的公司在对待法律法规的态度方面也存在差别。虽然中国政府一直在努力建立一个合理的市场和制度环境，但是在司法体系的独立性、法律法规的执行程度以及反腐倡廉等方面仍存在许多不足。尤其对于各地方政府而言，由于远离权力中心，法律和法规的执行程度会打很大的折扣。因此，与中央政府控制的企业相比，地方政府控制的企业所面临的监管程度会比较弱。基于此，我们提出如下假设：

假设 2：相对于中央政府控制的公司，地方政府控制的公司并购绩效可能更差。

西方许多学者研究表明，终极控制人大量利用金字塔股权结构扩大对上市公司的控制力度（La Porta 等，1999；Claessens 等，2000；Claessens 和 Fan，2006）。中国学者研究也发现，金字塔股权结构也普遍存在于中国的上市公司（赖建清、吴世农，2005；程仲鸣等，2008）。金字塔股权结构在世界范围内的普遍存在，引起了国内外学者对其成因研究的热潮。国外学者主要从控制权私利理论（Johnson 等，2000；等等）和融资优势理论（Almeida 和 Wolfenzon，2006；等等）两个方面解释公司金字塔股权存在的原因。对于中国企业的金字塔股权结构，刘启亮等（2008）认为在投资者保护较弱的情况下，有实力的股东通过金字塔的财富放大效应进行掏空和“寻租”以获得控制权私利；李增泉等（2008）认为，中国的民营企业通过金字塔的乘数效应可以有效缓解其债务融资约束，这也是他们设立金字塔股权结构的动机。然而这些解释大多是针对我国非政府控制的企业而言的。在中国特殊背景下，政府控制和非政府控制的企业金字塔结构的形成是有不同原因的。限制政府对国有企业的干预是经济改革的初衷，为此改革者建立国有资产管理体系，组建企业集团，在政府与国有企业之间引入中间层级，防止政府直接控制和干预，这直接导致中国国有企业多层级控制的股权结构大量出现，控制链也呈增长态势。具体而言，当金字塔层级较短时，作为最终控制人的政府，它们干预上市公司的难度较小，那么它们就更有可能通过其控股公司的并购活动来达成政策性目标，因而容易导致公司无效并购行为的发生；当金字塔层级较长时，政府干预上市公司的能力变小而成本增加，那么它们就基本不能干预和影响企业的并购决策，此时金字塔层级对企业并购决策及绩效可能起到了“保护作用”。已有学者研究表明，在法律保护环境较弱的背景下，金字塔层级结构可以有效规避政府干预。Zhang（2004）研究发现，金字塔层级结构可以限制政府的干预，这是因为在中国特殊的制度背景，金字塔股权结构是股权结构所引起的代理成本和政府控制的政治成本权衡的结果。Fan 等（2005）研究发现，上市公司之所以构建多层级的金字塔股权模式，主要是为了减少政府干预。Wong 和 Zhang（2007）研究发现，政府干预成本随着金字塔层级的增多而越来越高。程仲鸣等（2008）研究发现，金字塔层级与公司过度投资显著负相关，他们从投资视角为金字塔结构的保护效应提供了证据。综上所述，我们可以推断金字塔结构作为一种特殊的股权结构，具有保护政府控制公司的产权免受政府的干预与掠夺的作用，尤其在法律制度不够完善的情况下，由于规避了政府对公司并购的干预而对并购具有增值效应。

在中国现有的行政分权体制下，政府干预主要体现为地方政府对公司经营活动的干预。无论是出于政策性目标还是个人政治晋升目标，政府对所控制的地方国有上市公司投资决策进行干预，将导致其投资扭曲，使公司的投资决策偏离股东价值最大化，从而造成股东财富的减损。但对于非政府控制的公司而言，地方政府对其进行干预是有成本的，地方政府只有通过补贴等方式支持非政府控制的公司，才能使其服务于地方经济与个人的政治目标。另外，相比地方政府控制的上市公司，中央政府控制的公司由于委托—代理关系更为直接、所面临的信息不对称程度低，所以不容易受到地方政府政策的影响。因而，中央政府与非政府控制公司的并购绩效受地方政府的干预程度小，但金字塔结构的保护效应可能也不会太显著。基于此，我们提出如下假设：

假设 3：金字塔层级能够抑制政府干预对并购绩效的负面影响，这种作用在地方政府控制的企业中表现尤为明显。

5.2 研究设计

5.2.1 数据来源与样本选择

CSMAR 并购重组数据库中 2007～2010 年发生的所有涉及上市公司的股权收购、资产收购以及直接吸收合并事件，共计 3756 起。根据研究需要，我们在第 4 章的筛选样本基础上再次进行了筛选，剔除终极控制人性质不详以及金字塔股权结构数据缺失的样本，最终确定了 962 起并购事件作为本章研究的有

效样本。本章所使用数据主要来源于的 CSMAR 系列研究数据库系统和 CCER 中国经济金融数据库系统。

5.2.2 模型设计与变量定义

首先，为了检验终极控制人性质、政府控制层级对公司并购绩效的影响，本章参考借鉴国内外相关长期市场绩效影响因素的文献构建了模型 1、模型 2。模型中的 State、LocalGov 及 CenGov 都是表示终极控制人类型的哑变量。我们以非政府控制的公司为参照，如果公司被政府控制，那么 State 取值为 1，否则取值为 0；如果公司被地方政府控制，那么 LocalGov 取值为 1，否则取值为 0；如果公司被中央政府控制，那么 CenGov 取值为 1，否则取值为 0。模型 1 中 State 的回归系数如果显著为负，说明相对于非政府控制的公司，政府控制的公司并购绩效更差；模型 2 中的 Local 系数如果显著为负，说明相对于非政府控制的公司而言，地方政府控制的公司并购绩效更差，而与此同时，模型 2 中的 CenGov 系数如果显著为负，则说明相对于非政府控制的公司而言，中央政府控制的公司并购绩效更差。

$$\begin{aligned}\text{BHAR} = {} & \alpha_0 + \alpha_1 \text{State} + \alpha_2 \text{Amount} + \alpha_3 \text{Age} + \alpha_4 \text{EPS} + \\ & \alpha_5 \text{Size} + \alpha_6 \text{Clev} + \sum \text{Year} + \sum \text{Ind} + \varepsilon \end{aligned} \tag{1}$$

$$\begin{aligned}\text{BHAR} = {} & \alpha_0 + \alpha_1 \text{Local} + \alpha_2 \text{CenGov} + \alpha_3 \text{Amount} + \alpha_4 \text{Age} + \alpha_5 \text{EPS} + \\ & \alpha_6 \text{Size} + \alpha_7 \text{Clev} + \sum \text{Year} + \sum \text{Ind} + \varepsilon \end{aligned} \tag{2}$$

其次，为了加强结果的稳健性，我们利用模型 3 单独对政府控制样本进行回归，如果模型 3 中 LocalGov 的系数仍然显著为负，说明相对于中央政府控制的企业而言，地方政府控制的企业并购绩效更差。

$$\begin{aligned}\text{BHAR} = {} & \alpha_0 + \alpha_1 \text{Local} + \alpha_2 \text{Amount} + \alpha_3 \text{Age} + \alpha_4 \text{EPS} + \\ & \alpha_5 \text{Size} + \alpha_6 \text{Clev} + \sum \text{Year} + \sum \text{Ind} + \varepsilon \end{aligned} \tag{3}$$

最后，为了进一步检验政府控制、金字塔层级与公司并购绩效之间的关系，我们在模型 1 和模型 2 的基础上又构建了模型 4 和模型 5。如果模型 1 中 State 的回系数显著为负，而模型 4 中的 State × Layer 显著为正，说明金字塔层级能够抑制政府控制属性对并购绩效的负面作用；如果模型 2 中的 Local 系数显著为负，而模型 5 中的 Local × Layer 显著为正，则说明相对于非政府控制的公司而言，地方政府控制的公司金字塔的作用更明显。

$$\begin{aligned}\text{BHAR} = {} & \alpha_0 + \alpha_1 \text{State} + \alpha_2 \text{State} \times \text{Layer} + \alpha_3 \text{Layer} + \alpha_4 \text{Amount} + \\ & \alpha_5 \text{Age} + \alpha_6 \text{EPS} + \alpha_7 \text{Size} + \alpha_8 \text{Clev} + \sum \text{Year} + \sum \text{Ind} \end{aligned} \tag{4}$$

$$BHAR = \alpha_0 + \alpha_1 Local + \alpha_2 CenGov + \alpha_3 Local \times Layer + \alpha_4 CenGov \times Layer + \alpha_5 Layer + \alpha_6 Amount + \alpha_7 Age + \alpha_8 EPS + \alpha_9 Size + \alpha_{10} Clev + \sum Year + \sum Ind + \varepsilon \quad (5)$$

基于稳健性的考虑，我们又构建了模型5，并将全部样本分为非政府控制、地方政府控制以及中央政府控制三个子样本进行分组回归，从而更直观地考察金字塔层级在不同终极控制人类型的企业中所起的作用。

$$BHAR = \alpha_0 + \alpha_1 Layer + \alpha_2 Amount + \alpha_3 Age + \alpha_4 EPS + \alpha_5 Size + \alpha_6 Clev + \sum Year + \sum Ind + \varepsilon \quad (6)$$

模型中其他变量含义如下：因变量 BHAR 为并购事件公告后 1～2 年内的收购公司的市场绩效，即长期持有超额收益（BHAR），与第 4 章描述的定义及计算方法相同。在金字塔股权结构中，终极控制人位于金字塔的顶端，上市公司处于金字塔的最底层，两者之间则是一系列中间层次公司。终极控制人控制上市公司的控制链可能有一条或多条，我们采用最终控制人控制上市公司的最长的一条控制链上中间层公司的数量来衡量控制链的长度，这一长度就是金字塔的控制层级。当金字塔层级等于 1 时，代表终极控制人直接控制上市公司；当金字塔层级等于 2 时，代表有两层中间公司在终极控制人与上市公司的控制链上，以此类推。在实证检验中，我们设 Layer 为公司金字塔层级的哑变量，若样本的金字塔层级大于 2 时，Layer 取 1，否则取 0。金字塔层级的实际数据在后文描述性统计中列示，其余的变量定义与解释均与第 4 章相同，不再赘述。

5.3 实证检验与结果分析

5.3.1 主要变量的描述性统计与分析

为了消除极端值对检验结果的影响，我们对样本进行了 Winsorize 处理。表5-1 列出了主要变量的描述性统计。从描述性统计我们可以看出，并购后一年的市场绩效（$BHAR_{12}$）及并购后两年的市场绩效（$BHAR_{24}$）其均值与中位数都小于零，这说明并购并未给收购公司股东创造财富。从金字塔层级（Layer）的指标来看，最小值为 1.000，最大值为 9.000，均值为 3.158，中位

数为 3.000，说明金字塔股权结构还是比较普遍，并且公司间差异较大。

表 5－1　主要变量的描述性统计

变量	样本数	均值	标准差	中位数	最小值	最大值
$BHAR_{12}$	962	-0.025	0.832	-0.191	-2.541	11.493
$BHAR_{24}$	836	-0.004	0.595	-0.084	-1.667	4.940
Layer	962	3.158	0.968	3.000	1.000	9.000
Amount	962	0.150	0.509	0.021	0.000	4.183
Age	962	1.911	0.775	2.197	0.000	2.890
EPS	962	0.358	0.485	0.275	-3.540	5.890
Size	962	21.550	1.194	21.376	18.072	27.625

为了进一步描述 BHAR 与各变量之间的关系，我们还按照主要变量分组对 BHAR 进行统计检验。表 5－2 是 BHAR 的组间比较检验结果，$BHAR_{12}$和$BHAR_{24}$的比较结果差异不大。从表 5－2 结果我们发现，政府控制子样本的 BHAR 明显低于非政府控制子样本的 BHAR，这说明政府控制性质降低了公司长期并购绩效；地方政府控制子样本的 BHAR 也明显低于中央政府控制子样本的 BHAR，说明地方政府控制的企业长期并购绩效更差；而高金字塔层级样本的 BHAR 比低金字塔层级样本的 BHAR 要高，但不够显著，这主要是因为没有按政府控制类别分组。总之，描述性统计结果基本与我们的研究假设一致。

表 5－2　BHAR 的组间比较

<table>
<tr><th rowspan="2"></th><th rowspan="2">N</th><th colspan="4">BHAR₁₂</th><th rowspan="2">N</th><th colspan="4">BHAR₂₄</th></tr>
<tr><th>均值</th><th>T 值</th><th>中位数</th><th>Z 值</th><th>均值</th><th>T 值</th><th>中位数</th><th>Z 值</th></tr>
<tr><td>政府控制</td><td>554</td><td>-0.0517</td><td rowspan="2">2.868***</td><td>-0.0597</td><td rowspan="2">2.991***</td><td>499</td><td>-0.1023</td><td rowspan="2">3.345***</td><td>-0.2304</td><td rowspan="2">3.798***</td></tr>
<tr><td>非政府控制</td><td>408</td><td>0.0693</td><td>-0.1001</td><td>337</td><td>0.0951</td><td>-0.1234</td></tr>
<tr><td>地方政府控制</td><td>433</td><td>-0.0591</td><td rowspan="2">1.981**</td><td>-0.1222</td><td rowspan="2">2.276***</td><td>386</td><td>-0.1135</td><td rowspan="2">2.233**</td><td>-0.2334</td><td rowspan="2">2.676***</td></tr>
<tr><td>中央政府控制</td><td>121</td><td>-0.0213</td><td>-0.0714</td><td>113</td><td>-0.0611</td><td>-0.1151</td></tr>
<tr><td>Layer = 1</td><td>502</td><td>0.015</td><td rowspan="2">0.9253</td><td>-0.0720</td><td rowspan="2">-1.131</td><td>521</td><td>-0.0146</td><td rowspan="2">0.7611</td><td>-0.1748</td><td rowspan="2">-0.889</td></tr>
<tr><td>Layer = 0</td><td>460</td><td>-0.012</td><td>-0.0896</td><td>315</td><td>-0.066</td><td>-0.2106</td></tr>
</table>

注：①平均值采用 T 检验方法，中位数采用 Wilcoxon 秩和检验方法；②*、**、***分别表示在 10%、5%、1%的水平上显著。

5.3.2 终极控制人性质、政府控制层级与公司并购绩效的检验

表5－3是终极控制人性质、政府控制级层对公司并购绩效的检验结果。出于稳健性的考虑，检验中我们仍然选择收购公司并购后一年和并购后两年的市场绩效作为并购绩效的替代变量，检验结果基本没有差异。从表5－3的结果发现，全样本的模型1和模型4中State的系数都在1%水平上显著为负，这说明，与非政府控制的公司相比，政府控制的公司并购绩效更差，假设1得到验证；同时，模型2和模型5中的LocalGov的系数都在1%水平上显著为负，而CenGov的系数不显著，这说明与非政府控制的公司相比，地方政府控制的公司并购绩效更差，但中央政府控制的公司与非政府控制的公司并购绩效没有显著差别。为了进一步验证不同的政府控制公司并购绩效的差别，我们对政府控制样本进行了进一步的检验。结果见表5－3的模型3和模型6。模型3和模型6的结果显示，LocalGov的系数分别在5%和1%水平上显著为负，这说明与中央政府控制的公司相比，地方政府控制的公司并购绩效也较差。假设2得到验证。

表5－3 终极控制人性质、政府控制层级与并购绩效的检验结果

变量	$BHAR_{12}$			$BHAR_{24}$		
	全样本		政府控制样本	全样本	政府控制样本	
	模型1	模型2	模型3	模型4	模型5	模型6
State	－0.0318*** (－4.09)			－0.0559*** (－12.32)		
LocalGov		－0.0457*** (－4.46)	－0.1267** (－2.53)		－0.0808*** (－5.75)	－0.0847*** (－4.71)
CenGov		0.0281 (1.48)			0.0396 (1.19)	
Amount	0.1032*** (3.06)	0.1025*** (3.06)	0.2461*** (2.72)	0.1460*** (6.49)	0.1461*** (6.68)	0.1555*** (2.90)
Age	0.0201 (1.53)	0.0222 (1.60)	－0.0478 (－1.48)	－0.0539** (－2.06)	－0.0520** (－1.99)	－0.0159 (－1.03)
EPS	0.1103*** (9.42)	0.1121*** (10.60)	0.2224*** (7.45)	0.1537*** (8.05)	0.1555*** (8.83)	0.1300*** (4.81)

续表

变量	$BHAR_{12}$			$BHAR_{24}$		
	全样本		政府控制样本	全样本	政府控制样本	
	模型1	模型2	模型3	模型4	模型5	模型6
Clev	0.0678 (1.25)	0.0598 (1.10)	-0.1247*** (-2.93)	-0.139 (-1.17)	-0.155 (-1.26)	-0.0188 (-0.21)
Size	-0.0635*** (-3.47)	-0.0672*** (-3.92)	-0.1037*** (-9.10)	-0.1198*** (-8.89)	-0.1251*** (-11.41)	-0.0750*** (-7.64)
cons	1.2677*** (3.16)	1.3435*** (3.56)	2.1778*** (9.68)	2.5842*** (8.38)	2.6936*** (10.39)	1.6073*** (7.21)
Year	控制	控制	控制	控制	控制	控制
Ind	控制	控制	控制	控制	控制	控制
N	962	962	554	836	836	499
Adj_ R^2	0.0398	0.0414	0.0605	0.0652	0.0675	0.0699
F值	17.25	19.84	23.51	12.637	12.653	21.49

注：①括号内为相应系数的T值；②***、**、*分别表示在1%、5%、10%的水平上显著。

5.3.3 政府控制、金字塔层级与公司并购绩效的检验

表5-4是基于金字塔层级检验终极控制人性质及政府控制层级对公司并购绩效的影响。从结果发现，全样本的模型1和模型4中State的系数分别在5%和1%水平上显著为负，而State×Layer的系数都在5%水平上显著为正，这说明与非政府控制的公司相比，金字塔层级更能够缓解政府控制对并购绩效的负面影响，也就是说，金字塔层级限制了政府控制的企业通过无效扩张并购来掠夺和侵占股东的财富；在模型2和模型5中，LocalGov的系数分别在1%和10%的水平上显著为负，LocalGov×Layer的系数分别在1%和5%的水平上显著为正，同时，在这两个模型中，CenGov及CenGov×Layer的系数都不显著，这说明与非政府控制的公司相比，金字塔层级更能够缓解地方政府控制对并购绩效的负面影响，对于中央政府控制公司和非政府控制公司而言，金字塔层级对并购绩效的保护效应并没有显著差别。为了进一步验证金字塔层级对不同的政府控制公司并购绩效的影响，我们单独对政府控制样本进行了检验，结果见表5-4的模型3和模型6。在模型中显示LocalGov×Layer的系数分别在1%和5%水平上显著为正，这说明相对于中央政府控制的公司，金字塔层级更能够缓解地方政府控制对并购绩效的负面影响。

表 5-4 政府控制、金字塔层级与公司并购绩效的检验结果

变量	$BHAR_{12}$			$BHAR_{24}$		
	全样本		政府控制样本	全样本		政府控制样本
	模型 1	模型 2	模型 3	模型 4	模型 5	模型 6
Layer	-0.0580 (-0.86)	0.00420 (0.10)	0.0164 (0.93)	-0.1083 (-1.19)	-0.0762 (-1.09)	0.1005** (2.36)
State	-0.0988** (-2.51)			-0.1266*** (-4.51)		
State × Layer	0.1384** (2.10)			0.1679** (2.46)		
LocalGov		-0.1005*** (-2.83)	-0.0413 (-1.59)		-0.1195* (-1.90)	0.0936 (1.58)
CenGov		-0.0571 (-0.99)			-0.0986 (-1.16)	
LocalGov × Layer		0.1675*** (2.59)	0.1836*** (2.88)		0.1109** (2.31)	0.0829** (2.02)
CenGov × Layer		-0.00500 (-0.27)			0.249 (1.28)	
Amount	0.1037*** (3.22)	0.0783** (2.55)	0.1622*** (3.25)	0.1448*** (5.91)	0.1642*** (4.13)	0.2489*** (2.66)
Age	0.0191 (1.39)	0.0129 (1.34)	-0.0174 (-1.17)	-0.0475 (-1.61)	-0.0488* (-1.73)	-0.0465 (-1.43)
EPS	0.1136*** (9.93)	0.1223*** (13.11)	0.1315*** (4.55)	0.1545*** (156.76)	0.1491*** (84.27)	0.2215*** (7.24)
Clev	-0.0610*** (-3.26)	-0.0761*** (-4.04)	-0.0684*** (-6.08)	-0.1166*** (-7.94)	-0.1247*** (-6.99)	-0.1348*** (-13.88)
Size	0.0785 (1.35)	0.0349 (0.79)	0.00390 (0.04)	-0.118 (-1.04)	-0.131 (-1.17)	-0.1039*** (-2.77)
cons	1.2459*** (3.16)	1.5662*** (4.03)	1.3721*** (5.15)	2.5525*** (8.23)	2.7111*** (7.44)	2.8335*** (11.02)
Year	控制	控制	控制	控制	控制	控制
Ind	控制	控制	控制	控制	控制	控制
N	962	962	554	836	836	499
Adj_ R^2	0.0675	0.0739	0.0916	0.0437	0.0467	0.0670
F 值	5.069	7.545	17.68	4.670	7.825	13.758

注：①括号内为相应系数的 T 值；②***、**、*分别表示在 1%、5%、10% 的水平上显著。

为了加强检验结果的稳健性，我们进一步将全部样本根据控制类别分为政府控制与非政府控制两个样本，再将政府控制样本按政府控制类别分为地方政府控制与中央政府控制两个样本，然后分别检验不同组中金字塔层级与并购绩效的关系，表5-5是分组检验结果。由表5-5可见，在政府控制样本的模型1和模型5中，Layer的回归系数分别在1%和10%的水平上显著为正，而在非政府控制样本的模型2和模型6中，Layer的回归系数在10%和1%的水平上显著为负；在地方政府控制样本的模型3和模型7中，Layer的回归系数分别

表5-5 金字塔层级与公司并购绩效的分组检验结果

变量	$BHAR_{12}$				$BHAR_{24}$			
	政府控制	非政府控制	地方政府控制	中央政府控制	政府控制	非政府控制	地方政府控制	中央政府控制
	模型1	模型2	模型3	模型4	模型5	模型6	模型7	模型8
Layer	0.0774***	-0.0693*	0.1977***	0.0196	0.0597*	-0.1369**	0.2295**	-0.0345
	(6.37)	(-1.81)	(3.81)	(1.01)	(1.79)	(-2.21)	(2.19)	(-0.46)
Amount	0.1568***	0.0576	0.1585***	0.0600	0.2458***	0.0529**	0.2552**	0.1498*
	(3.04)	(1.13)	(2.97)	(0.72)	(2.64)	(2.14)	(2.45)	(1.76)
Age	-0.0227*	0.0426***	-0.0162	0.00680	-0.0534*	-0.0535	-0.0206	-0.1238***
	(-1.67)	(3.20)	(-0.59)	(0.17)	(-1.76)	(-1.07)	(-0.53)	(-7.57)
EPS	0.1327***	0.0838**	0.1775***	-0.0134	0.2240***	0.0298	0.2766***	0.0818
	(4.45)	(2.26)	(4.41)	(-0.50)	(7.11)	(1.01)	(5.46)	(1.16)
Size	-0.0673***	-0.0535*	-0.0800***	-0.0520***	-0.1250***	-0.0935**	-0.1421***	-0.1164***
	(-5.58)	(-1.69)	(-5.81)	(-4.17)	(-13.59)	(-2.43)	(-7.30)	(-8.33)
Clev	-0.00730	0.233	-0.0606	0.0447	-0.1037***	-0.00830	-0.2958**	0.250
	(-0.08)	(0.90)	(-0.81)	(0.13)	(-2.96)	(-0.04)	(-2.23)	(1.33)
cons	1.3528***	1.0785*	1.6194***	0.9632***	2.5729***	2.1461***	2.9058***	2.4427***
	(4.79)	(1.69)	(4.75)	(3.51)	(9.63)	(2.69)	(6.17)	(9.53)
Year	控制	控制	控制	控制	控制	控制	控制	控制
Ind	控制	控制	控制	控制	控制	控制	控制	控制
N	554	408	433	121	499	337	386	113
Adj_ R^2	0.0608	0.0645	0.0721	0.0763	0.117	0.0241	0.139	0.141
F值	14.64	10.683	39.56	4.508	8.547	6.663	13.633	11.950

注：①括号内为相应系数的T值；②***、**、*分别表示在1%、5%、10%的水平上显著。

在1%和5%的水平上显著为正，而在中央政府控制样本的模型4和模型8中，Layer的回归系数均不显著。这说明在政府控制的企业中，特别是在地方政府控制的企业中，金字塔层级对公司并购绩效有正面的促进作用，而对非政府控制企业的并购绩效则产生负面影响。也就是说，金字塔层级能够抑制政府干预对并购绩效的负面影响，这种作用在地方政府控制的企业中表现尤为明显。假设3得到验证。

5.3.4 稳健性检验

出于稳健性考虑，本章还做了如下检验：

（1）我们以零为界分别将$BHAR_{12}$和$BHAR_{24}$分为并购绩效好与并购绩效差的两个子样本，并对相关模型进行分段检验。结果发现，并购绩效差（$BHAR_{24}<0$）的子样本中比并购绩效好（$BHAR_{24}>0$）的子样本回归的结果要显著，这进一步说明政府干预是导致公司并购绩效恶化的重要因素。

（2）对于收购公司预期收益率（ERit），我们按照李增泉等（2005）的做法，把市场上所有的上市公司按照每个月末流通市值排序并等分成10组，然后选定每一家公司所在组的平均投资收益为该公司该月对应的预期收益率，将这样计算出来的BHAR带入到相关模型中进行回归，结果仍然支持本章假设。

（3）重新定义金字塔结构层级的哑变量Layer的含义。若样本的金字塔层级大于1，则Layer取1，否则取0。将这样设置出来的Layer重新带入到相关模型中进行回归，结果没有实质变化。

（4）为了进一步净化并购事件期，我们将样本中进行了多次并购的公司全部剔除，然后重新计算BHAR并进行回归，结果仍然支持本章假设。

5.4 结　论

处于经济转轨时期的中国企业的并购行为，往往成为不理性扩张和投资饥渴的代名词，这如果仅仅用委托—代理理论去解释，是远远没有说服力的。因为在中国特殊的制度背景下，企业经营很可能受到政府行为的影响。基于此，本章以2007～2010年我国上市公司的股权收购、资产收购以及直接吸收合并等扩张性并购事件为研究样本，实证检验终极控制人的产权性质、政府控制类别以及金字塔层级对公司并购绩效的影响，试图考察并揭示地方政府是否对其

所控制国有上市公司的投资活动干预过度，以及金字塔股权结构能否让保护公司的并购投资行为免受政府干预。研究结果发现：①政府控制的上市公司，尤其是地方政府控制的上市公司存在着因政府干预而导致的无效并购行为；②金字塔结构能够抑制政府干预对并购绩效的负面影响，而这种作用也是在地方政府控制的企业中表现得更加明显，这说明金字塔结构作为法律保护的替代机制可以保护公司行为免受政府干预的影响；③进一步研究发现，在中央政府控制与非政府控制的公司中，没有证据表明政府干预影响并购绩效，因而金字塔的保护效应也不明显。

本章研究结论不仅为新兴国家政府"掠夺之手"理论提供了直接证据，也为在法律保护水平较弱环境下金字塔结构作为法律的一种替代机制来保护公司的投资免受政府干预提供了证据。本章研究的政策意义在于：应加快企业的并购投资活动由政府及其政策推动向由市场推动为主转变，并且应进一步加快政府职能转变和政企分离，减少政府对企业行为的过度干预，与此同时，还要不断提高对投资者的法律保护程度。

第6章 终极人控制、并购模式选择与公司并购绩效

随着世界并购浪潮的持续进行，与此相关的研究大量涌现，而并购动因与并购绩效的研究一度成为各国学者关注的两个重要问题。虽然业界对于并购中收购公司的并购绩效问题还未达成一致的看法，但学者们一致认为，并购绩效是公司在不同并购动因驱动下行为选择的经济结果。因此，随着研究的深入，学者们开始考察不同并购模式对并购绩效的影响。

人们最初研究发现，按照行业属性划分的多元化并购与同业并购对并购绩效具有截然不同的影响，而关于多元化并购能否给股东创造财富，学者们也得到不同的研究结果。早期的学者研究发现，多元化并购是为了获取协同效应，所以并购方股东能够从并购中获益，而同业并购却带来负的效益（Elgers 和 Clark，1980；Schlpper 和 Thompson，1983；Chatterjee，1986）。但是，20 世纪 80 年代以后，学术界对多元化并购的态度基本由肯定转向否定。Sicherman 和 Pettway（1987）研究发现，相对于同业并购，多元化并购的收购方获得的超额收益更低；Morck、Shleifer 和 Vishny（1990）通过考察公司并购公告前后价值变化发现，多元化并购后收购方的股东价值减小；Berger 和 Ofek（1999）研究发现，归核化后公司累积超额收益为正，而且这些收益与公司由于实行多元化战略造成的价值损失显著正相关，这也间接证实了多元化并购的无效率。相对于国外研究而言，国内多元化并购的研究起步较晚，李善民和朱滔（2006）研究发现，多元化并购公司股东在并购后 1 ~ 3 年内财富损失平均达到 7%。洪道麟等（2006）研究中国上市公司的多元化并购战略与企业长期市场绩效之间的关系时发现，多元化并购导致收购公司的长期绩效显著为负，同业并购对收购方的长期绩效没有显著影响。与此同时，也有少量文献关注了并购的区域属性对并购绩效的影响。宋献中、周昌仕（2007）以 1998 ~ 2001 年中国上市公司的并购事件为样本研究发现，同区域公司并购后的超额收益明显低于异

地公司并购后的超额收益。

并购模式主要包含两个相互关联的关系：一是并购模式蕴含着并购动因，也就是公司是出于何种动因选择并购模式；二是并购模式选择后的经济后果，实际上就是并购模式的绩效，这种行为选择的结果反过来又可以证实行为选择的动因。这两个相互关联的关系意味着并购模式在某种程度上是并购动因与并购绩效之间的“桥梁”。但是就现有研究来看，可能学者们更多地关注了后者，而对于动因下的模式选择以及将这三者置于同一逻辑分析框架下的研究还不是很多。究竟是什么因素决定了公司选择多元化并购而不是同业并购？多元化并购与同业并购相比，收购方的并购绩效有差异吗？另外，处于转型中的中国，政府干预对企业行为的影响不可忽视，而研究地方政府干预对企业并购模式的选择无疑具有重要的现实意义。有研究表明，地方保护主义所衍生的地区之间市场分割将损害整个社会资源配置效率（陆铭等，2004），那么这种地方保护主义是否也会影响企业并购区域的选择呢？这种选择的结果又会对并购方的并购绩效有何影响？本章试图对以上问题作出回答。

第 4 章、第 5 章已经验证：不论是大股东出于掏空的动机，还是地方政府出于掠夺的动机，他们常常都会通过并购扩张行为进行利益侵占，从而造成公司并购绩效的恶化。基于此，本章以 2007 ~ 2010 年我国上市公司的股权收购、资产收购以及直接吸收合并等扩张性并购事件为研究样本，实证检验终极控制人的两权分离以及政府控制性质对不同并购模式选择的影响，并在此基础上进一步检验这种行为选择结果对并购绩效的影响，从而考察终极控制人影响并购绩效的作用机理。研究结果发现：终极控制人的现金流权与控制权的分离程度越大，公司越容易进行多元化并购，进一步研究还发现，多元化并购的绩效明显低于同业并购的绩效，并且这种现象在非政府控制的公司中更明显；地方政府控制的公司更趋向于同区域并购，而且同区域并购的绩效也低于异地并购。这说明终极控制人进行并购时，主要是通过多元化并购这种模式对中小股东进行掏空与侵占，从而引起并购绩效的恶化，并且这种作用对于不同产权性质的终极控制人存在差异；地方政府则常常通过同区域并购这种传导途径对股东进行掠夺，同样也带来了并购绩效的下降。

本章其他部分结构如下：第一部分是理论分析与研究假设；第二部分是研究设计；第三部分是实证检验与结果分析；第四部分是结论。

6.1 理论分析与研究假设

从理论上讲，多元化并购的目的之一是为了获取协同效应，但实践中发现，多元化并购往往蕴含着代理问题。终极控制人通过金字塔结构、交叉持股等方式来增强控制权，造成控制权大于现金流权，而由于低现金流权与高控制权不匹配，使终极控制人有动机和能力去侵占其他股东的利益。多元化并购又是公司形成规模扩张并取得更多控制资源的有效途径，所以终极控制人为了能够从更多的资源控制中获取更大的私人利益，会不惜中小股东利益而进行盲目的多元化并购。因此，多元化并购扩张已成为股权集中模式下终极控制人及其代理人获取控制权私人收益的重要来源。也就是说，终极控制人的控制权越大，现金流权越小，越有可能进行多元化并购。有证据表明，在股权相对集中的东亚国家，终极控股股东的利益攫取是造成公司多元化折价的主要原因，市场化机制的严重不完善性以及偏弱的投资者法律保护会进一步增加多元化公司的潜在代理成本。Claessens等（2000）通过对东亚九国的研究发现，多元化经营后控股股东对集团附属公司的利益侵占所带来的成本已经超过了集团多元化内部市场带来的收益。Lins 和 Servaes（2002）以 7 个新型市场经济的公司为样本研究发现，与单一公司相比，多元化公司获利能力较低，折价达到 7%左右。

我国证券市场是一个处于转型时期的新兴市场，资本市场的不完善性增加了多元化并购公司潜在的代理成本，严重的信息不对称使管理者或大股东更容易为私利掏空公司，这种掏空现象在中小股东法律保护较弱时更严重。也就是说，终极控制人两权分离程度越高，对中小股东利益侵占动机越强，上市公司实施多元化并购的可能性就越高；同时，由于上市公司实施多元化并购可能导致公司内部存在严重的代理冲突，多元化并购的绩效往往也会低于同业并购。王峰娟、邹存良（2009）以中国上市公司为样本研究发现，当多元化超过一定程度后，会降低内部资本市场在信息、监督和激励方面的优势，而内部代理问题、滥用自由现金流等现象就会增加，从而导致资源配置效率下降。杨兴全和陈跃东（2009）研究发现，我国上市公司多元化经营整体上降低了公司的业绩，这主要是由于多元化经营实现的协同效应不能弥补因代理冲突而产生的成本。

非政府控制的上市公司始终面临着融资与资本的“瓶颈”，并且由于难以获得政府资源的支持，所以为了追求自身利益最大化，它们更可能通过扩大现金流权与控制权的分离度，从而以较小的成本获取较高的私人收益。因此，与国有上市公司相比，非政府控制的企业实行多元化并购的动机就会更加强烈。罗党论和唐清泉（2008）研究发现，金字塔控股结构中的所有权分离度、控制层级高低对中小股东利益的侵害产生的影响，仅在非政府控制的企业较显著。因此，我们推断，终极控制人通过多元化并购模式来侵占中小股东利益的现象在非政府控制的公司更明显。基于以上分析，本章提出如下假设：

假设1：终极控制人两权分离度越大，越容易进行多元化并购，而且多元化并购后的绩效明显低于同业并购的绩效，这一现象在非政府控制的企业中更明显。

20世纪80年代初，我国展开了以改革开放为核心的经济体制改革，以GDP为主的政绩考核和晋升机制以及财政分权，极大地促进了地方政府发展本地区经济和维护本地区社会稳定的决心（周黎安，2004；Li和Zhou，2005）。受到官员的任期的影响，地方政府也出于“肥水不流外人田”的心理，倾向于将本地资源聚集在自己控制的企业；随着经营管理权和财政自主权的下放，地方政府也承担起提高就业率、维护社会稳定的社会责任，所以地方政府有动力对本辖区的控制企业进行并购干预（潘红波等，2008），但对外地上市公司的并购行为难以操纵；此外，出于政治上的考虑，比如为帮助本地企业“脱贫致富”，或者是出于地方政府官员个人的私利，地方政府倾向于主导其直接控制的企业更多地进行兼并和收购（陈信元、黄俊，2007）。也就是说，不论是出于政策性目标还是个人私利，政府干预下的企业并购可能大多数都发生在同一行政管辖区内，并且由于不是企业自主发起的市场化并购，所以注定无助于公司绩效的持久改善（李增泉等，2005），无助于竞争优势的取得（宋献中、周昌仕，2007）。另外，随着经济体制改革的深化，企业横向联合有了较大的发展。异地并购虽然更多地体现为企业自主发起的市场化并购，但由于行政分权格局和地方政府官员的经济指标考核机制的存在，异地并购就有可能带来地区之间的利益冲突，地区封锁也就成为必然。所以，并购区域属性在一定程度上反映了中国上市公司区域横向联合和地区封锁的程度。

对于中央政府控制的企业来说，它们本身的背景和权威不仅能够突破地方政府的干预，还可能因为提升地方政府的经济和政治影响力而受到地方政府的青睐，所以它们通常能够便利地实施跨地区的异地并购。对于非政府控制企业来说，政府控制的约束力量有限，并购的同区域特性也不明显。即使非政府控制企业的终极控制人同样具有侵害中小股东的动机和能力，但与政府相比，它们可能通过同区域并购来掠夺上市公司的动机并不强烈。基于此，本章提出如下假设：

假设 2：地方政府控制的企业更倾向于同区域并购，而且同区域并购后的绩效明显低于异地并购的绩效。

6.2 研究设计

6.2.1 数据来源与样本选择

本章的数据来源于 CSMAR 并购重组数据库中 2007 ~ 2010 年发生的所有涉及上市公司的股权收购、资产收购以及直接吸收合并事件，共计 3756 起。根据研究需要，我们在第 4 章的筛选样本基础上又再次进行了筛选，剔除收购公司本身处于综合行业（即行业代码为 M）的样本以及无法获得并购的行业模式和区域模式的样本，最终确定了 941 起并购事件作为本章研究的有效样本。由于CSMAR数据库，提供了并购的区域模式数据但没有直接提供并购的行业模式数据，我们依照以下程序和方法来确定并购的行业模式：

首先，在确定了并购样本后，我们用手工方法收集并阅读了并购公告信息，根据公告中并购目的的描述，如果明确表示并购是为了多元化经营，我们就直接定义该并购事件为多元化并购。其次，对于没有直接明确其并购目的的股权收购和吸收合并样本，我们从北京色诺芬数据库直接提取收购企业的行业代码（即单字母加两位数编码），并从目标企业的事件公告中查其主营业务收入，再根据 2001 年 4 月 4 日证监会颁布的《上市公司行业分类指引》将其行业细分到大类，如果收购公司和目标公司所属行业大类不同则被界定为多元化并购，否则视为同业并购。最后，对资产收购的样本，我们利用公告信息所披露的标的资产的具体用途作为划分的依据，当标的资产的实际用途与收购公司的主营业务相同，即为同业并购，否则为多元化并购。这样就避免在资产交易情况下单纯根据收购公司和目标公司所属的行业划分并购类型的错误。

本章所使用的其他财务数据主要来源于 CSMAR 系列研究数据库系统和 CCER 中国经济金融数据库系统。具体样本分布情况如表 6 - 1 所示。

表6-1　样本的选取与分布

年度	2007	2008	2009	2010	合计
行业模式					
同业并购	274	171	103	87	635
多元化并购	123	86	61	36	306
区域模式					
同区域并购	281	178	107	51	617
异地并购	116	79	57	72	324

6.2.2　模型设计与变量定义

影响企业并购模式选择的因素主要有公司规模、盈利状况、成长能力以及经营风险等，为了检验终极控制人对并购模式选择的影响，本章参考借鉴国内外相关文献构建了 Logit 多元回归模型1、模型2、模型3和模型4。

$$Div = \alpha_0 + \alpha_1 Dev + \alpha_2 Size + \alpha_3 Lev + \alpha_4 Age + \alpha_5 Q + \alpha_6 Mfcf + \alpha_7 Roa + \sum Year + \sum Ind + \varepsilon \quad (1)$$

$$Part = \alpha_0 + \alpha_1 State + \alpha_2 Size + \alpha_3 Lev + \alpha_4 Age + \alpha_5 Q + \alpha_6 Mfcf + \alpha_7 Roa + \sum Year + \sum Ind + \varepsilon \quad (2)$$

$$Part = \alpha_0 + \alpha_1 LocalGov + \alpha_2 CenGov + \alpha_3 Size + \alpha_4 Lev + \alpha_5 Age + \alpha_6 Q + \alpha_7 Mfcf + \alpha_8 Roa + \sum Year + \sum Ind + \varepsilon \quad (3)$$

$$Part = \alpha_0 + \alpha_1 LocalGov + \alpha_2 Size + \alpha_3 Lev + \alpha_4 Age + \alpha_5 Q + \alpha_6 Mfcf + \alpha_7 Roa + \sum Year + \sum Ind + \varepsilon \quad (4)$$

模型1中的被解释变量 Div 代表了并购的行业模式，模型2与模型3中的被解释变量 Part 代表了并购的区域模式。当并购的行业模式为多元化时，Div 取1，否则为0；当并购的区域模式为同区域时，Part 取1，否则为0。模型中使用的 State、LocalGov 及 CenGov 这些哑变量与第5章中的定义相同，不再赘述。

在检验中，如果模型1中 Dev 的系数显著为正，则说明终极控制人两权分离度越大，越容易实行多元化并购；模型2中 State 的回归系数如果显著为正，说明相对于非政府控制的公司而言，政府控制的公司更倾向于同区域并购；模型2中的 Local 系数如果显著为正，说明相对于非政府控制的公司而言，地方政府控制的公司更倾向于同区域并购；而与此同时，模型2中的CenGov系数如果显著为正，则说明相对于非政府控制的公司而言，中央政府控制的公司更倾向于同区域并购。为了进一步检验政府控制企业内部对并购区域模式选择的差异，我们又构建了模型4。如果模型4中的Local系数如果显著为正，说明相对于中央政府控制的公司而言，地方政府控制的公司更倾向于同区域并购。

为了进一步检验并购模式的选择对并购绩效的影响，我们又构建了模型5、模型6、模型7、模型8和模型9。

$$BHAR = \alpha_0 + \alpha_1 Div + \alpha_2 Amount + \alpha_3 Age + \alpha_4 EPS + \alpha_5 Size + \alpha_6 Clev + \sum Year + \sum Ind + \varepsilon \quad (5)$$

$$BHAR = \alpha_0 + \alpha_1 Part + \alpha_2 Amount + \alpha_3 Age + \alpha_4 EPS + \alpha_5 Size + \alpha_6 Clev + \sum Year + \sum Ind + \varepsilon \quad (6)$$

$$BHAR = \alpha_0 + \alpha_1 State + \alpha_2 State \times Part + \alpha_3 Part + \alpha_4 Amount + \alpha_5 Age + \alpha_6 EPS + \alpha_7 Size + \alpha_8 Clev + \sum Year + \sum Ind \quad (7)$$

$$BHAR = \alpha_0 + \alpha_1 Local + \alpha_2 CenGov + \alpha_3 Local \times Part + \alpha_4 CenGov \times Part + \alpha_5 Part + \alpha_6 Amount + \alpha_7 Age + \alpha_8 EPS + \alpha_9 Size + \alpha_{10} Clev + \sum Year + \sum Ind + \varepsilon \quad (8)$$

$$BHAR = \alpha_0 + \alpha_1 Local + \alpha_2 Local \times Part + \alpha_3 Part + \alpha_4 Amount + \alpha_5 Age + \alpha_6 EPS + \alpha_7 Size + \alpha_8 Clev + \sum Year + \sum Ind \quad (9)$$

在检验中，如果模型5中Div的系数显著为负，则说明多元化并购的绩效低于同业并购的绩效；模6中Part的回归系数如果显著为负，说明同区域并购的绩效低于异地并购的绩效；模型7中State×Part的系数如果为负，说明相对于非政府控制的公司而言，政府控制公司同区域并购的绩效更差；模型8中Local的系数如果显著为负，说明相对于非政府控制的公司而言，地方政府控制的公司更同区域并购的绩效更差。为了进一步检验政府控制企业内部的差异，我们又构建了模型9。如果模型9中Local×Part的系数显著为负，则说明相对于中央政府控制的公司而言，同区域并购对地方政府控制的公司绩效的负面影响更大。

模型中其他变量含义如下：BHAR为并购事件公告后1~2年内的收购公司的市场绩效，即长期持有超额收益，与第4章描述的定义及计算方法相同。变量具体定义见表6-2。

表 6 -2　主要变量定义与说明

变量名称	变量代码	变量说明
并购行业模式	Div	多元化并购取 1，否则为 0
并购区域模式	Part	同区域并购取 1，否则为 0
终极控制人的两权分离度	Dev	控制权/现金流权，越大表示现金流权相对控制权分离程度越高
终极控制人类型	State	如果公司被政府控制，那么 State 取值为 1；否则取值为 0
	LocalGov	如果公司被地方政府控制，那么 LocalGov 取值为 1；否则取值为 0
	CenGov	如果公司被中央政府控制，那么 CenGov 取值为 1；否则取值为 0
公司规模	Size	并购前一年年末并购方的总资产自然对数值
负债率	Lev	并购前一年年末并购方负债与总资产比率
公司年限	Age	并购方上市至并购的年限的自然对数值
成长性	Q	并购前一年的托宾 Q 值（流通股期末市值 + 非流通股数量 × 每股净资产 + 总负债）/总资产
公司可支配资源	Mfcf	并购前一年每股经营现金净流量
盈利能力	Roa	并购前一年的资产报酬率（利润总额/资产总额）
并购规模	Amount	交易总价/并购前一年期末总资产
每股盈余	EPS	并购前一年末并购方每股盈余（净利润/普通股总股数）
长期负债率	Clev	并购前一年年末并购方长期负债与总资产比率
年度控制变量	Year	2007 ~2010 年共 4 年，设置 3 个控制性哑变量
行业控制变量	Ind	行业控制变量，共设置 20 个控制哑变量

6.3　实证检验与结果分析

6.3.1　主要变量的描述性统计与分析

表 6 -3 描述的是所有样本公司并购模式的特征。从结果发现：①按照终极控制人现金流权和控制权是否分离来划分，我们发现，并购的区域模式对两权分离度并不敏感，无论是同区域并购还是异地并购，所占比例差别不大；但是两权分离度对并购行业模式中的多元化并购反应敏感，当 Dev =1 时，多元

化并购发生105起，占34.31%，而当Dev>1时，多元化并购发生201起，占65.68%。很显然，随着终极控制人两权发生分离，多元化并购扩张的趋势明显。②从产权性质的角度观察，我们发现，并购的区域模式尤其是同区域并购对终极控制人的产权性质变化敏感，政府控制的公司发生同区域并购379起，占61.42%，非政府控制的公司仅发生238起，占38.58%。这说明政府控制的企业更倾向于同区域并购模式。③为了进一步观察不同级别的政府控制属性对并购模式的影响，我们又将政府控制样本分为中央政府控制和地方政府控制两个子样本，结果发现，与中央政府控制的公司相比，地方政府控制的公司仅发生了88起异地并购，而发生了295起同区域并购，因区域并购比例高达77.84%，可见地方政府控制的公司更倾向于同区域并购模式。

表6-3 样本公司并购模式的总体特征

并购模式	并购行业模式				并购区域模式			
	多元化并购		同业并购		同区域并购		异地并购	
	数量	比例	数量	比例	数量	比例	数量	比例
两权分离度：								
Dev = 1	105	34.31%	336	52.91%	318	51.54%	162	50%
Dev > 1	201	65.68%	299	47.09%	299	48.46%	162	50%
产权性质：								
政府控制	126	41.17%	365	57.48%	379	61.42%	161	49.69%
非政府控制	180	58.83%	270	42.52%	238	38.58%	163	50.31%
政府控制级层：								
中央政府控制	92	73.02%	93	25.48%	84	22.16%	73	45.34%
地方政府控制	34	26.98%	272	74.52%	295	77.84%	88	54.66%
合计	306		635		617		324	

为了进一步描述BHAR与并购模式之间的关系，我们还分别按照并购的行业和区域式分组对BHAR进行统计检验。表6-4是BHAR的组间比较检验结果，$BHAR_{12}$和$BHAR_{24}$的比较结果差异不大。从表6-4结果我们发现，多元化并购子样本的BHAR明显低于同业并购子样本的BHAR，这说明多元化并购公司的长期并购绩效相对较差；同区域并购的子样本的BHAR也明显低于异地并购的子样本的BHAR，这说明相对于异地并购而言，同区域并购会造成长期并购绩效的下降。总之，描述性统计结果基本与我们的研究假设相一致。

表6-4 BHAR的组间比较

	N	$BHAR_{12}$				N	$BHAR_{24}$			
		均值	T值	中位数	Z值		均值	T值	中位数	Z值
多元化并购	306	-0.0255	2.748 ***	-0.1164	3.133 ***	242	-0.1722	3.3211 ***	-0.2373	4.221 ***
同业并购	635	0.0051		-0.0619		568	0.0370		-0.1467	
同区域并购	617	-0.0323	2.170 **	-0.0964	3.3421 ***	562	-0.0996	3.8880 ***	-0.2247	4.539 ***
异地并购	324	0.0526		-0.0366		248	0.1420		-0.0199	

注：①平均值的采用T检验方法中位数采用Wilcoxon秩和检验方法；②**、***、*分别表示在1%、5%、10%的水平上显著。

6.3.2 基于并购行业模式选择的实证检验

表6-5是终极控制人两权分离与并购行业模式选择的检验结果。从表6-5的结果发现，全样本模型中Dev的系数在1%水平上显著为正，这说明终极控制人两权分离度总体上与多元化并购成正比，也就是说，两权分离度越大，越容易进行多元化并购。为了进一步检验两权分离度与多元化并购的关系在不同产权性质的公司之间的差别，我们又将总样本分为非政府控制和政府控制两个子样本进行回归。结果显示，在非政府控制的子样本中，Dev的系数在10%水平上显著为正；在政府控制样本中，Dev的系数为正，但不显著。这说明，终极控制人两权分离度会加剧多元化并购行为的发生，而且这种现象在非政府控制的企业中更严重。

表6-5 终极控制人两权分离度与并购行业模式选择的检验结果

变量	全样本	非政府控制样本	政府控制样本
Dev	0.2646 *** (2.83)	0.2083 * (1.76)	0.157 (0.78)
Size	-0.1772 ** (-2.26)	-0.3219 ** (-2.23)	-0.0183 (-0.18)
Lev	-0.156 (-0.54)	-0.235 (-0.68)	-0.153 (-0.25)
Age	0.4141 *** (3.86)	0.5971 *** (4.11)	0.3554 ** (2.00)

续表

变量	全样本	非政府控制样本	政府控制样本
Q	-0.0297 (-0.30)	-0.0810 (-0.59)	0.0477 (0.32)
Mfcf	-0.1650** (-2.25)	-0.1507* (-1.75)	-0.1801** (-2.23)
Roa	-1.025 (-1.01)	-0.467 (-0.45)	-3.4389* (-1.73)
cons	4.4870*** (2.81)	4.0811*** (2.79)	4.5603*** (3.08)
Year	控制	控制	控制
Ind	控制	控制	控制
LR 值	62.46	59.04	42.83
Pseudo R^2	0.0798	0.0807	0.0812
N	941	395	546

注：①括号内为相应系数的 T 值；②***、**、*分别表示在1%、5%、10%上的水平上显著。

为了进一步研究终极控制人两权分离对并购绩效影响的作用机制，我们结合终极控制人性质对并购行业模式选择与并购绩效的关系进行了检验，具体结果见表6-6。基于稳健性的考虑，我们仍然选择了并购后一年及并购后两年的绩效做进一步的分析。从结果发现，选择 $BHAR_{12}$ 作为并购绩效变量时，全样本和政府控制的样本中 Div 系数都为负且不显著，只有非政府控制样本中的 Div 系数在10%的水平上显著；而选择 $BHAR_{24}$ 作为并购绩效变量时，全样本和非政府控制的样本中 Div 系数都为负且在1%的水平上显著。这说明多元化并购对并购绩效的消极作用在并购后两年更加明显，而且这种作用在非政府控制的公司中更显著。由此可见，终极控制人两权分离程度越大，公司越容易进行多元化并购，而且这种并购行为的结果是导致并购绩效的恶化，同时我们还发现，这种现象在非政府控制的公司中表现得更明显。假设1得到验证，这反过来也证实，对于非政府控制的企业而言，多元化并购可能是终极控制人影响并购绩效的路径之一。

表 6-6 终极控制人性质、并购行业模式选择与并购绩效的检验结果

变量	全样本		非政府控制样本		政府控制	
	$BHAR_{12}$	$BHAR_{24}$	$BHAR_{12}$	$BHAR_{24}$	$BHAR_{12}$	$BHAR_{24}$
Div	-0.0414 (-0.99)	-0.2159*** (-3.45)	-0.2184* (-1.82)	-0.2362*** (-3.44)	-0.0141 (-1.24)	-0.0741 (-1.42)
Amount	0.1050*** (2.91)	0.1498*** (2.68)	0.0675** (2.69)	0.2358*** (3.56)	0.1550*** (2.86)	0.1229 (1.65)
Age	-0.0227 (-0.97)	-0.0449 (-1.19)	-0.0563 (-0.80)	-0.0325 (-0.73)	-0.00940 (-0.26)	-0.0374 (-1.05)
EPS	0.1008*** (2.86)	0.1487** (2.55)	0.1141*** (3.12)	0.2196*** (3.57)	0.1070** (2.50)	0.1098*** (2.98)
Size	-0.0670*** (-3.85)	-0.1342*** (-5.04)	-0.111** (-2.34)	-0.1307*** (-4.93)	-0.0663*** (-3.09)	-0.0596* (-1.80)
Clev	0.0741 (0.40)	-0.0956 (-0.33)	-0.0877 (-0.19)	-0.0805 (-0.29)	-0.0220 (-0.10)	-0.0331 (-0.22)
cons	1.3353*** (3.64)	2.9084*** (5.19)	2.5361*** (2.89)	2.7369*** (4.73)	1.3615*** (2.89)	2.2331*** (4.33)
Year	控制	控制	控制	控制	控制	控制
Ind	控制	控制	控制	控制	控制	控制
N	941	810	395	311	546	499
Adj_ R^2	0.0778	0.0754	0.0308	0.0389	0.0592	0.0537
F 值	8.273	9.402	4.198	3.109	5.649	3.649

注：①括号内为相应系数的 T 值；②***、**、*分别表示在 1%、5%、10% 的水平上显著。

6.3.3 基于并购区域模式选择的实证检验

表 6-7 是终极控制人性质、政府控制层级与并购区域模式选择的检验结果。从结果发现，在全样本的模型 1 中，State 系数为正但不显著，这说明，与非政府控制的公司相比，政府控制的公司倾向于选择同区域并购；同时，模型 2 中的 LocalGov 的系数在 10% 的水平上显著为正，而 CenGov 的系数不显著，这说明相对于非政府控制的公司，地方政府控制的公司更倾向于选择同区域并购，中央政府控制的公司与非政府控制公司对于并购区域模式的选择没有显著差别。为了进一步验证不同的政府控制公司对于并购区域选择的差别，我

们又对政府控制样本进行了进一步检验。结果见表6-7的模型3。结果显示，LocalGov的系数都在5%的水平上显著为正，这说明相对于中央政府控制的公司，地方政府控制的公司更倾向于选择同区域并购。

表6-7　终极控制人性质、政府控制层级与并购区域模式选择的检验结果

变量	全样本		政府控制样本
	模型1	模型2	模型3
State	0.2349 (1.41)		
LocalGov		0.3261 * (1.86)	0.4498 ** (2.48)
CenGov		-0.1012 (-0.41)	
Size	-0.1905 ** (-2.54)	-0.2090 *** (-2.77)	-0.2851 *** (-2.88)
Lev	-0.0982 (-0.33)	-0.096 (-0.33)	-1.3930 ** (-2.23)
Age	0.1211 (0.96)	0.1322 (1.05)	0.1288 (0.67)
Q	-0.0001 (-0.08)	-0.0002 (-0.14)	-0.0002 (-0.14)
Mfcf	-0.0745 (-1.44)	-0.0785 (-1.51)	-0.0961 (-1.44)
Roa	-1.0797 (-1.05)	-1.0679 (-1.05)	-1.8883 (-0.99)
cons	-3.1223 ** (-2.01)	-3.4958 ** (-2.24)	-4.5468 ** (-2.16)
Year	控制	控制	控制
Ind	控制	控制	控制
LR值	68.88	66.91	52.29
Pseudo R^2	0.1021	0.1104	0.0973
N	941	941	546

注：①括号内为相应系数的T值；②***、**、*分别表示在1%、5%、10%的水平上显著。

为了进一步研究终极控制人的产权性质、政府控制层级对并购绩效影响的作用机制，我们结合终极控制人性质对并购区域模式选择与并购绩效的关系进行了检验，具体结果见表 6－8。基于稳健性的考虑，我们仍然选择了并购后一年及并购后两年的绩效做进一步的分析。从结果中发现，全样本的模型 1 和模型 4 中 Part 的系数分别在 10% 和 1% 水平上显著为负，这说明，与异地并购模式相比，同区域并购模式的并购绩效更差；模型 2 中 State × Part 的系数为负但不显著，而模型 5 中 State × Part 的系数在 10% 水平上显著为负，这说明与非政府控制的公司相比，政府控制的公司同区域并购的绩效更差，尤其是在并购后两年。为了进一步验证并购的区域模式对不同的政府控制公司并购绩效的影响，我们对政府控制样本进行了进一步检验，结果见表 6－8 的模型 3 和模型 6。在模型中显示 LocalGov × Part 的系数分别在 10% 和 5% 水平上显著为负，这说明与中央政府控制的公司相比，同区域并购对并购绩效的负面影响在地方政府控制的公司中更显著。由此可见，地方政府控制的企业更倾向于选择同区域并购，而且这种并购行为的结果仍然将导致并购绩效的恶化。从假设 2 得到验证，这反过来也证实，对于地方政府控制的企业而言，同区域并购可能是它们进行掠夺的重要手段之一。

表 6－8　终极控制人类型、并购区域模式选择与并购绩效的检验结果

变量	$BHAR_{12}$			$BHAR_{24}$		
	全样本		政府控制样本	全样本		政府控制样本
	模型 1	模型 2	模型 3	模型 4	模型 5	模型 6
Part	－0.1613* (－1.83)	－0.0516 (－0.87)	－0.0277 (－0.66)	－0.2001*** (－3.25)	－0.0667 (－1.53)	－0.0113 (－0.37)
State		－0.0146 (－0.22)			－0.1897* (－1.80)	
State × Part		－0.1156 (－1.20)			－0.2360* (－1.90)	
LocalGov			0.181 (1.29)			0.129 (1.37)
LocalGov × Part			－0.133* (－1.79)			－0.179** (－2.46)
Amount	0.1009*** (2.79)	0.1020*** (2.82)	0.1009*** (2.79)	0.1410** (2.52)	0.1355** (2.42)	0.1413** (2.53)

续表

变量	BHAR$_{12}$			BHAR$_{24}$		
	全样本		政府控制样本	全样本		政府控制样本
	模型 1	模型 2	模型 3	模型 4	模型 5	模型 6
Age	0.0199	0.0224	0.0196	-0.0620*	-0.0572	-0.0634*
	(0.86)	(0.95)	(0.85)	(-1.66)	(-1.51)	(-1.70)
EPS	0.1127***	0.1111***	0.1148***	0.1560***	0.1569***	0.1587***
	(2.92)	(2.87)	(2.97)	(2.68)	(2.69)	(2.72)
Clev	-0.0639***	-0.0605***	-0.0681***	-0.1181***	-0.1166***	-0.1240***
	(-3.68)	(-3.33)	(-3.80)	(-4.45)	(-4.21)	(-4.55)
Size	0.0668	0.0696	0.0560	-0.147	-0.117	-0.166
	(0.36)	(0.37)	(0.30)	(-0.51)	(-0.41)	(-0.58)
cons	2.6761***	2.7773***	1.2378***	2.7406***	1.3047***	1.3767***
	(4.82)	(4.88)	(3.26)	(4.74)	(3.59)	(3.68)
Year	控制	控制	控制	控制	控制	控制
Ind	控制	控制	控制	控制	控制	控制
N	941	941	546	810	810	546
Adj_ R^2	0.0678	0.0638	0.1192	0.0337	0.0309	0.1143
F 值	8.723	6.984	5.549	7.070	6.779	4.935

注：①括号内为相应系数的 T 值；②***、**、*分别表示在 1%、5%、10%的水平上显著。

6.3.4 稳健性检验

出于稳健性考虑，本章还做了如下检验：

（1）基于稳健性的考虑，我们还将政府控制样本分为地方政府控制和中央政府控制分别检验两权分离、并购行业模式及并购绩效的关系，没有发现由于两权分离而选择多元化并购以及多元化并购后绩效下降的证据；同时我们还检验终极控制人两权分离、并购区域模式及并购绩效的关系，也没有发现终极控制人两权分离与并购的区域模式有显著的关系。

（2）我们检验并购区域模式与并购绩效关系时，进一步将全样本分成非政府控制、地方政府控制以及中央政府控制三组，然后将上述相关的检验内容再进行一次分组检验，发现结果仍然支持本章的相关假设。

（3）我们剔除同业并购公司的样本，仅仅以多元化并购公司为样本对以

上相关研究进行再次检验，结果显示对于非政府控制的公司而言，多元化并购确实明显地影响了其并购绩效，结论仍然支持本章假设。

（4）我们以零为界分别将 $BHAR_{12}$ 和 $BHAR_{24}$ 分为并购绩效好与并购绩效差的两个子样本，并对并购模式与并购绩效模型进行了分段检验。结果发现，并购绩效差（$BHAR_{24} < 0$）的子样本中比并购绩效好（$BHAR_{24} > 0$）的子样本回归的结果要显著，这进一步说明非政府控制公司的多元化并购以及地方政府控制公司的同区域并购是影响公司并购绩效的重要路径。

（5）对于收购公司预期收益率（ERit），我们按照李增泉等（2005）的做法，把市场上所有的上市公司在每个月末按照流通市值排序并等分成10组，并选取每一家公司所在组的平均投资收益即为该公司该月对应的预期收益率，将这样计算出来的BHAR带入到相关模型中进行回归，结果仍然支持本章假设。

限于篇幅的影响，以上稳健性检验结果没有列示。

6.4 结　论

并购动因决定并购行为，而并购行为又影响并购绩效。可见，并购行为或模式起到了“桥梁”的作用，它代表了并购动因对并购绩效的影响路径。无论是大股东出于掏空的动机，还是地方政府出于干预掠夺的动机，它们常常都会通过并购扩张行为进行利益侵占，从而造成公司并购绩效的恶化，但是这中间的影响机理如何呢？本章以此为出发点，选择2007～2010年我国上市公司的股权收购、资产收购以及直接吸收合并等扩张性并购事件为研究样本，实证检验终极控制人的两权分离、产权性质以及政府控制层级对不同并购模式选择的影响，并在此基础上进一步检验这种选择结果对并购绩效的影响，从而考察终极控制人影响并购绩效的作用机理。研究结果发现：终极控制人的现金流权与控制权的分离程度越大，公司越容易进行多元化并购，进一步研究还发现：多元化并购的绩效明显低于同业并购的绩效，并且这种现象在非政府控制的公司中更明显；地方政府控制的公司更趋向于同区域并购，而且同区域并购的绩效也低于异地并购。这说明终极控制人主要是通过多元化并购这种传导机制对中小股东进行掏空与侵占，从而引起并购绩效的恶化，并且这种作用在不同产权性质的终极控制人之间存在差异；地方政府控制的企业由于受到政府干预而更多地选择同区域并购，这常常是政府掠夺的重要途径，所以同样带来了并购绩效的下降。

本章研究的贡献在于：第一，为新兴市场国家“第二种代理冲突”可能造成多元化并购的价值减损提供了证据，也发现了终极控制人以盲目多元化扩张作为传导机制导致并购绩效恶化的证据，从而拓展了代理理论与多元化并购后果方面的研究；第二，发现了地方政府以同区域并购扩张作为传导机制同样导致其控制的企业并购绩效下降的证据，从而为新兴市场国家政府干预的“掠夺之手”理论提供了证据，这无疑拓宽了政府干预的相关理论研究。

政策启示：应大力完善与健全资本市场的监管机制，并对股权结构偏离度较大的公司的并购行为进行重点分级监控；与此同时，应积极优化企业产权结构，打破地区经济的封锁，有效防止地方政府在公司并购模式选择中的过度干预，最大限度促进并购的市场化运作。

第7章　股权分置改革、终极人控制与公司并购绩效

公司并购是资本市场资源配置优化的重要形式，也是资本市场发展的重要推动力量。公司并购绩效受制于公司内部代理问题，而公司内部代理冲突必然受制度环境的影响。然而，我国上市公司所处制度环境与成熟资本市场国家有很大差异，致使我国上市公司并购活动本身存在许多缺陷，其正面效应难以体现。因此，从制度根源剖析中国上市公司的并购问题可能是破解“并购绩效之谜”的途径之一。

中国的资本市场脱胎于转型经济，其设立的初衷是为国企融资提供服务，以帮助国企解困、脱困，所以股权分置制度是中国资本市场建立初期的一项制度安排。在这种制度下，我国上市公司的股权结构不仅表现为国有股占据主导地位，而且上市公司股东被割裂成非流通股东与流通股东，他们是“同股不同权、同股不同价、同股不同利”；并且由于大量国有股不能在二级市场上流通，导致股权高度集中，股权制衡的局面难以形成。因此，长期的股权分置造成公司治理缺乏共同的利益基础，资本市场发展也受到严重制约。基于此，我国于2005年正式启动了政府主导设计的股权分置改革。从理论上讲，作为资本市场的基础性制度变革，股权分置改革的目的是希望通过股份全流通使大股东利益与流通股股东利益趋向一致，从根本上改善了资本市场制度环境，改良我国上市公司的股权治理结构，提高公司治理水平，从而协调了控股股东与中小股东之间的利益冲突，减弱了大股东侵占的动机。国内学者也从不同角度实证检验了股权分置改革给上市公司带来的影响。刘玉敏、任广乾（2008）构建了股权分置改革对上市公司治理优化的影响关系模型，研究发现，股权分置改革可以使上市公司股权结构趋于合理、股东行为趋于理性，有利于提高董事会的效率，完善管理层的激励约束机制。廖理等（2008）研究认为，股权分置改革降低了控股股东的利益输送程度。王亮等（2011）的实证检验结果也

显示，股权分置改革后第一大股东会显著减少对上市公司和中小股东的利益侵占。

综上所述，国内现有文献虽然从经营业绩和股利支付等角度探讨了股权分置改革减少控股股东利益侵占的成效，但很少有文献从并购的角度来研究股改的成效，尤其是尚未检验股权分置改革是否能够减弱终极控制人两权分离对公司并购绩效的负面影响；也没有结合终极控制人性质检验股改成效的差异对公司并购绩效的影响？鉴于此，本章以 2004～2009 年我国上市公司的股权收购、资产收购以及直接吸收合并等扩张性并购事件为研究样本，实证检验上市公司并购绩效在股权分置改革前后的变化。相对于已有文献，本章的贡献在于：第一，本章从公司并购的角度探讨了股权分置改革的成效，是对现有相关股改成效检验文献的补充。第二，本章结合实际控制人的性质，检验了股改背景下实际控股股东控制权与现金流权的分离对公司并购绩效的影响，我们发现在实际控制人为国有公司时，股权分置改革对过度投资的抑制作用并不显著，股改的作用对非国有公司更显著，这是对公司非效率投资影响因素现有研究的进一步丰富与补充。本章其他部分安排如下：第一部分为理论分析与研究假设；第二部分为研究设计；第三部分为实证检验结果与分析；第四部分为研究结论。

7.1 理论分析与研究假设

7.1.1 股权分置改革与公司并购绩效

股权分置改革对公司并购绩效的直接影响主要体现在以下两个方面：①在股权分置时期，由于大股东股份不能流通，其所代表的资源无法进入动态配置过程，股权的收购只能依靠谈判和协议转让，而股权协议转让式并购的效率较低（Bebchuk，1994；Burkar 等，2000）。股份的全流通为二级市场举牌并购提供了可能，资产能够自发地转移到盈利能力更高的企业中，从而实现了资源的有效配置。因为如果公司高管人员经营不善，股价大跌，恶意收购就会发生。总之，股权分置改革促使资本市场资源配置功能得以回复，从而为并购创造价值提供了机遇和条件。②股权分置条件下，非流通股东的投资收益主要取决于公司净资产值的增加。因此，上市公司转而通过投机性的方式来获取并购重组的利润，即通过编造产业转型或资产购买（资产置换），收购完成后，利用上市公司再融资，进行配股或增发，以达到“圈钱”的目的（陈信元等，2003）；或利用二级市场存在严重的信息不对称，通过并购重组题材进行内幕交易或是操纵股价，从而获得利益（吴晓求，2004）；或通过采用借贷担保等不透明的方式，以不合理的价格来获得低成本的资金。总之，这些并购都不能真正为公司创造价值。股权分置改革后，全部股东所持股份实现了“同股同权，同股同价”，因此股东的利益趋同，大股东的并购动机转向以公司长远发展为考虑基础。收购方在选择目标企业时，不仅注重并购后产业结构升级、业务、管理的整合等因素，使并购产生协同效应，同时更加注重并购后企业核心竞争力的提高及企业长期发展能力。总之，股权分置改革使并购动机趋于合理性，并购行为更加市场化，并购的正面效应也将全面提高。基于以上分析，提出假设 1。

假设 1：股权分置改革提高了公司并购绩效。

7.1.2　股权分置改革、两权分离与公司并购绩效

诸多学者研究发现，在股权高度集中的公司存在一个最终的控制股东，终极控制股东通过直接或间接持股的方式，达到对控制链终端企业的实际控制，并且终极控制股东的控制权与现金流权的分离会产生“隧道效应”，即终极控制股东对中小股东进行利益的侵占（Faccio 等，2002；Maury 和 Pajuste，2002）。并购属于公司重大的可观察的经营活动，体现了公司内部各利益集团的利益博弈，并使终极控制股东与中小股东之间所蕴含的代理冲突显现出来。因此，并购也就可能成为终极控制股东剥削中小股东的一个利益输送的工具，特别是在对中小股东司法保护较弱的国家，控制性股东往往通过并购的方式获取控制权私利（Bae 等，2002；Dennis ，2003；Bigelli 和 Mengoli，2004），并购绩效也因此会受到影响，而且控股股东控制权与现金流权的偏离程度越大，公司并购绩效越差（Yen 和 André，2007）。

虽然全球资本市场中都存在着终极控制股东侵害中小股东利益的例子，但是在我国资本市场中，这种现象更普遍、更广泛。这主要是因为我国投资者利益保护机制不够、“一股独大”现象严重等，但是长期的股权分置也是重要的原因之一。在股权分置制度下，处于控制地位的非流通股股东长期以来都难以得到资本增值和流动性溢价带来的资本利得收益，其控制性股权具有相当高的非流动性成本。股权分置使得控股股东个人的利益诉求与上市公司价值产生背离，基于自身利益的权衡，控制性股东将拥有更大的动力通过过度投资扩大其

掌握的控制性资源的规模，以抵补其较高的非流动性成本。股权分置改革后，非流通股和流通股的定价机制统一，利益基础一致，控股股东的非流动性成本下降，因此控股股东基于控制权私利的利益侵占与攫取行为得到抑制。总之，股权分置改革通过改变上市公司股权结构和性质实现股东的共同利益基础，大大缓解了终极控制股东与中小股东的利益冲突，也相应地减弱了控股股东实施无效扩张性并购的动机。

首先，尽管股权分置改革解决了非流通股和流通股的二元结构问题，缓解了终极控制股东与中小股东之间的代理冲突，提升了国有和非国有公司大股东的正向激励作用。但是由于产权性质不同，股改对国有和非国有公司的其他治理机制可能产生不同的影响。股权分置改革后，尽管国有公司股权集中度有所下降，但是国有股权仍处于控股地位。由于全民股东的分散性，国有公司实际上由代表人民的国有资产管理机构来管理。而政府官员在监督管理国有公司中没有剩余索取权，不可能像私人股东那样努力监督管理层，必然产生监督弱化问题。其次，由于第一大股东之外的外部股东占比较低，难以发挥监督作用，也使得外部控制权市场难以对公司高管形成有效威胁。因此，公司高管缺乏内外部监督，国有公司依然被内部人控制。总之，由于国有公司所有者缺位、内部人控制，使得股权激励契约的设计可能受到管理层干预，从而难以对国有管理层形成有效的激励和约束。与国有控股公司不同，非国有控股公司由于产权清晰，控股股东的非流通股股票获得流通权后，控股股东和小股东的利益达成一致，股东和管理层之间的矛盾成为公司的主要矛盾。大股东可能通过设计高效率的股权激励契约，将高管的股权薪酬和公司业绩紧密联系在一起，从而调动管理层的积极性，降低其代理成本。申慧慧等（2009）研究认为股权分置改革后，非国有上市公司的盈余管理程度显著提高，盈余持续性显著降低，而国有上市公司没有显著变化；谢梅和郑爱华（2009）发现无论是股改前还是股改后，自然人或民营企业最终控制对企业绩效具有显著的正面影响，而国家控制对企业绩效具有显著的负面影响。基于此，我们提出假设 2。

假设 2：股权分置改革能够抑制终极控制股东的两权分离对公司并购绩效的负面影响，而且这种作用在非国有控制的公司中更明显。

7.2 研究设计

7.2.1 数据来源与样本选择

我国股权分置改革于2005年4月开始试点，2005年8月23日五部委联合颁布《关于上市公司股权分置改革的指导意见》后，股权分置改革全面推开。2005年为股改试点及推广期，2006年股改全面推开，2007年、2008年、2009年及以后处于收尾期。因此，我们选取CSMAR并购重组数据库中2004~2009年发生的所有涉及上市公司的股权收购、资产收购以及直接吸收合并事件，然后根据研究需要，我们按照第4章的标准进行筛选，剔除终极控制人性质不详以及其他财务数据缺失的样本，最终确定了973起并购事件作为本章研究的有效样本。本章所使用数据主要来源于CSMAR系列研究数据库系统和CCER中国经济金融数据库系统。

7.2.2 模型设计与变量定义

为了检验股权分置改革对公司并购绩效的影响，本章参考借鉴国内外相关长期市场绩效影响因素的文献分别构建了模型1、模型2。模型中的Osr是股权分置改革的哑变量，我们以公司在2004~2009年的第一次并购时间为参照，如果股权分置改革的时间早于公司第一次并购时间，则认为公司已发生股改，那么Osr取值为1，否则取值为0；模型1中的Osr回归系数如果显著为正，说明相对于未股改的公司，已发生股改的公司并购绩效更好；模型2中的Osr×Dev系数如果显著为正，则说明股权分置改革能够抑制终极控制股东的两权分离对公司并购绩效的负面影响。另外，将全部样本分为国有控制和非国有控制两个子样本进行分组回归，从而更直观地考察股权分置改革的效应对于不同终极控制人类型的企业所起的作用。

$$\begin{aligned} BHAR = & \alpha_0 + \alpha_1 Osr + \alpha_2 Amount + \alpha_3 Age + \alpha_4 EPS + \\ & \alpha_5 Size + \alpha_6 Clev + \sum Year + \sum Ind + \varepsilon \end{aligned} \quad (1)$$

$$\begin{aligned} BHAR = & \alpha_0 + \alpha_1 Osr + \alpha_2 Dev + \alpha_3 Osr \times Dev + \alpha_4 Amount + \alpha_5 Age + \\ & \alpha_6 EPS + \alpha_7 Size + \alpha_8 Clev + \sum Year + \sum Ind + \varepsilon \end{aligned} \quad (2)$$

模型中其他变量含义如下：因变量 BHAR 为并购事件公告后 1~2 年内的收购公司的市场绩效，即长期持有超额收益（BHAR），与第 4 章描述的定义及计算方法相同。其余的变量定义与解释均与第 4 章相同，不再赘述。

7.3 实证检验与结果分析

7.3.1 主要变量的描述性统计与分析

为了消除极端值的影响，我们对处于 0~1% 和 99%~100% 的极端值样本进行了 Winsorize 处理。为了进一步描述 BHAR 与主要变量之间的关系，我们按照主要变量分组对 BHAR 进行了相关统计量的检验。表 7-1 是 BHAR 的组间比较检验结果。从表 7-1 的结果我们发现，无论是并购后一年还是并购后两年，已发生股改的子样本的 BHAR 都明显高于未发生股改的子样本的 BHAR，说明股权分置改革对公司长期并购绩效有正面影响。总之，分组检验的结果基本与我们的研究假设相一致。

表 7-1 BHAR 的组间比较

$BHAR_{12}$					
	样本数	均值	T 值	中位数	Z 值
Osr = 0	403	-0.1383	-3.4045***	-0.2048	-5.411***
Osr = 1	570	-0.0181		-0.0831	
$BHAR_{24}$					
Osr = 0	403	-0.2129	-1.8653*	-0.4332	-7.073***
Osr = 1	566	-0.0630		-0.2026	

注：①平均值的检验方法是 T 检验，中位数的检验方法是 Wilcoxon 秩和检验；②***、**、*分别表示 1%、5%、10% 的水平上显著。

7.3.2 股权分置改革与公司并购绩效的实证检验

表 7-2 是股权分置改革与公司并购绩效回归检验的结果。在检验中，出于稳健性的考虑，我们仍然选择收购公司并购后一年和并购后两年的市场绩效作

为并购绩效的替代变量。表 7 -2 的结果显示，模型 1 中的 Osr 与并购绩效在 10% 的水平上显著正相关；模型 2 中的 Osr 与并购绩效在 5% 的水平上显著正相关，这说明已经实行股权分置改革的公司并购绩效高于未实行股改公司的并购绩效。也就是说，股权分置改革确实能够提高收购公司的并购绩效。假设 1 得到验证。

表 7 -2　股权分置改革与公司并购绩效的实证检验

变量	$BHAR_{12}$	$BHAR_{24}$
	模型 1	模型 2
Osr	0. 1163 *** (3. 0782)	0. 2403 ** (2. 1965)
Age	0. 0127 (0. 3909)	-0. 0183 (-0. 1967)
Eps	0. 0837 * (1. 8061)	0. 129 (1. 4415)
Clev	0. 0299 (0. 1807)	0. 258 (0. 8576)
Size	-0. 0666 *** (-3. 5820)	-0. 1730 *** (-3. 6496)
Amount	0. 0395 ** (2. 1469)	0. 0422 (1. 3070)
cons	1. 2338 *** (3. 2129)	3. 3822 *** (3. 4815)
Year	控制	控制
Ind	控制	控制
N	973	969
Adj_ R^2	0. 0336	0. 0253
F 值	6. 432	6. 353

注：①括号内为相应系数的 T 值；② ***、**、* 分别表示在 1%、5%、10% 的水平上显著。

7. 3. 3　股权分置改革、两权分离与公司并购绩效的实证检验

在第 4 章我们已经验证了终极控制人的两权分离会导致公司并购绩效的恶化，这是由于随着两权分离的加剧，终极控制人有更强烈的动机侵占中小股东的利益造成的。为了进一步检验股权分置改革对公司治理环境的改善效应，我

们引入了股权分置改革与两权分离度的交叉变量，表 7－3 是股权分置改革、两权分离与公司并购绩效的检验结果。从表 7－3 可以看到，无论选公司并购后一年还是并购后两年的市场绩效作为因变量，检验结果基本相似。表 3 的模型 1、模型 2 中的 Dev 的回归系数分别在 1% 及 10% 的水平上显著为负；而模型 3 中 Dev × Osr 的回归系数都在 5% 的水平上显著为负，模型 4 中 Dev × Osr 的回归系数为负，但不显著。这说明从总体样本来看，股权分置改革未能在一定程度上抑制终极控制人两权分离对公司并购绩效带来的负面影响。

表 7－3　股权分置改革、两权分离与公司并购绩效的实证检验

变量	$BHAR_{12}$	$BHAR_{24}$	$BHAR_{12}$	$BHAR_{24}$
	模型 1	模型 2	模型 3	模型 4
Dev	-0.00580* (-1.7913)	-0.0068*** (-2.9378)	0.000300 (0.0962)	0.00980 (0.7618)
Osr			0.0632 (1.6117)	0.2377*** (2.6176)
Osr × Dev			-0.0097** (-2.0009)	-0.0190 (-1.4075)
Age	0.0253 (0.2847)	0.0235 (0.7783)	0.0153 (0.4640)	-0.0129 (-0.1352)
Eps	0.1646* (1.7624)	0.0959** (2.0474)	0.0846* (1.7904)	0.125 (1.3827)
Clev	0.301 (1.0001)	0.0460 (0.2840)	0.0486 (0.3002)	0.286 (0.9478)
Size	-0.1708*** (-3.6338)	-0.0670*** (-3.6193)	-0.0654*** (-3.5676)	-0.1690*** (-3.7625)
Amount	0.0521 (1.4726)	0.0425** (2.0941)	0.0414** (2.0003)	0.0449 (1.3247)
cons	3.3694*** (3.5602)	1.2771*** (3.3307)	1.2017*** (3.1720)	3.2358*** (3.6698)
Year	控制	控制	控制	控制
Ind	控制	控制	控制	控制
N	973	969	973	969
Adj_ R^2	0.0208	0.0385	0.0454	0.0288
F 值	6.022	5.659	4.844	5.316

注：①括号内为相应系数的 T 值；②***、**、*分别表示在 1%、5%、10% 的水平上显著。

为了进一步检验股权分置改革对两权分离与并购绩效关系的影响在不同产权性质的公司中的差异，我们按照终极控制人的产权性质不同，将全样本分为国有与民营两个子样本来分别进行回归。从表 7 - 4 的结果看到，无论选公司并购后一年还是并购后两年的市场绩效作为因变量，检验结果基本相似。在国有控制样本中，Osr × Dev 系数均在 1% 水平上显著为负，而在非国有控制样本中，Osr × Dev 系数在 1% 及 5% 的水平上显著为正，这说明股权分置改革抑制终极控制人两权分离对公司并购绩效带来的负面影响只在非国有控制的公司得到验证，假设 4 得到部分验证。也就是说，股权分置改革对非政府控制的上市公司中存在的终极控制股东与中小股东之间代理冲突的缓解作用更明显。

表 7 - 4　股权分置改革、两权分离与公司并购绩效的分组实证检验

变量	$BHAR_{12}$		$BHAR_{24}$	
	国有控制样本	非国有控制样本	国有控制样本	非国有控制样本
Dev	0.0246*** (3.0581)	-0.2530*** (-3.6586)	0.0451*** (3.6419)	-0.1858*** (-2.7879)
Osr	-0.4205*** (-2.7417)	0.270 (1.2768)	-0.5763*** (-2.5954)	0.245 (1.3364)
Osr × Dev	-0.0298*** (-3.1738)	0.2392*** (3.4389)	-0.0476*** (-3.5462)	0.1693** (2.5288)
Age	-0.0618 (-0.7003)	-0.00510 (-0.0829)	-0.1842** (-2.3799)	-0.140 (-1.5969)
Eps	0.1160** (2.0384)	0.0227 (0.2667)	0.1870** (2.1163)	-0.0551 (-0.5815)
Clev	-0.199 (-0.8481)	0.421 (1.1669)	-0.4286* (-1.8680)	0.316 (0.6986)
Size	-0.0672** (-2.4412)	-0.0829 (-1.5703)	-0.1010*** (-3.6409)	-0.1149* (-1.7899)
Amount	0.0802** (2.0255)	0.0174* (1.7361)	0.0921 (1.2609)	0.0324* (1.7264)
cons	1.9090*** (2.9054)	1.359 (1.2481)	2.9983*** (4.4450)	2.3098* (1.7200)
Year	控制	控制	控制	控制
Ind	控制	控制	控制	控制

续表

变量	$BHAR_{12}$		$BHAR_{24}$	
	国有控制样本	非国有控制样本	国有控制样本	非国有控制样本
N	568	405	565	404
Adj_ R^2	0.0562	0.0659	0.0552	0.0615
F 值	3.795	5.622	5.397	3.578
Year	控制	控制	控制	控制
Ind	控制	控制	控制	控制

注：①括号内为相应系数的 T 值；②***、**、*分别表示在 1%、5%、10% 的水平上显著。

7.3.4 稳健性检验

出于稳健性考虑，本章还做了如下检验：

（1）对于收购公司预期收益率（ER_{it}），我们按照李增泉等（2005）的做法，首先在每个月末把市场上所有的上市公司按照流通市值从小到大排序，并等分成 10 组；然后将每一家公司所在组的平均投资收益作为该月对应的预期收益率；最后利用 BHAR 的计算公式获得事件期所需的数值并带入到相关模型中进行回归，检验结果没有发生实质性变化。

（2）出于稳健性的考虑，我们又选择 20% 作为终极控制人的控制比例，对样本进行重新筛选，然后再进行相关检验，检验结果没有发生变化。

（3）我们还单独以 2006 年完成股改的公司为对象，以其股改前后六年 2004～2009 年的数据为样本，研究上市公司并购绩效在股权分置改革前后的变化，其检验结果没有发生实质性变化。

7.4 结　论

股权分置改革的成效是近几年来学术界和实务界共同关心的重大问题，我国实行股权分置改革的一个重要目的就是降低控股股东对中小股东利益的侵害。鉴于此，本章以 2004～2009 年我国上市公司的股权收购、资产收购以及直接吸收合并等扩张性并购事件为研究样本，实证检验上市公司并购绩效在股权分置改革前后的变化。研究表明，股权分置改革有助于提高公司并购绩效，同时在一定程度上抑制了两权分离对并购绩效的负面影响，这是因为股改通过协调大小股东之间的利益冲突，抑制了控股股东无效并购的动机。但是我们也发现，股权分置改革抑制了两权分离对并购绩效的负面影响作用在国有控制的公司中并不显著，在非国有公司中更显著。究其原因，一定程度上与国有公司治理结构中所有者缺位和委托—代理链条过长，以及导致国有公司无效并购的动机（目标多元化、预算软约束和在职消费等）在股改完成后短期内并不会发生显著改变有关。相对于已有文献，本章的贡献在于：第一，本章从公司并购的角度探讨了股权分置改革的成效，是对现有相关股改成效检验文献的补充。第二，本章结合实际控制人的性质，检验了股改背景下实际控股股东控制权与现金流权的分离对公司并购绩效的影响，这是对公司并购绩效影响因素现有研究的进一步丰富与补充。

第8章 市场化进程、终极人控制与公司并购绩效

并购重组是证券市场永恒的话题，西方学者的实证研究发现，在并购过程中，被收购公司的股东能够获得显著为正的超额收益，但收购公司的股票收益率则很不确定（Bruner，2002）。那么，究竟是什么因素影响收购公司的并购绩效呢？传统的研究结果表明，并购绩效受到并购交易特征、并购行业相关性、公司股权结构以及公司财务特征等因素的影响。直至20世纪90年代，法与金融理论学派的兴起才将法律制度等外部治理机制引入公司财务的研究视野。根据法与金融学派的观点，投资者法律保护这一基本制度环境对一个国家资本市场发展、所有权结构、治理结构、股利政策和公司价值具有显著影响（La Porta等，1997、1999、2000a、2000b、2002），这表明良好的公司治理必定要以有效的投资者法律保护为基础。这一研究也促使人们将并购绩效的研究视角开始转向外部治理环境上。Bris和Cabolis（2002、2008）研究跨国并购时发现，投资者保护程度的差异对目标公司和收购公司的并购绩效都有显著影响，因此他们认为加强对投资者法律保护的意义不仅在于法律对企业绩效的直接影响，还在于通过提高法律底线能促进公司内部治理机制的改善。Chari等（2004）也发现，在发达国家收购新兴市场经济国家的并购事件中目标公司获得了显著为正的收益，他们同样关注了国家的法律制度对并购价值的影响；与此同时，人们还结合公司股权结构关注外部治理环境对公司并购绩效的影响。Bae等（2002）以及Bigelli和Mengoli（2004）研究发现，在投资者保护较弱的国家，公司并购被认为是控股股东获取控制权私益进行掏空的工具，所以并购给股东带来了严重的财富损失；而Holmen和Knopf（2004）、Ben-Amar和André（2006）以及Faccio和Stolin（2006）研究发现，在投资者保护较强的国家，公司并购不是控股股东掏空的工具，而是为降低风险所选择的次优投资决策，因此并购并未给股东带来明显的财富损失，而可能获得显著为正的

收益。

受国外研究的启发，并出于对中国独特的股权结构和国有股权改革的关注，国内学者就政府干预与投资者法律保护对中国上市公司并购行为及绩效的影响也进行了探索。李增泉、余谦、王晓坤（2005）研究发现，控股股东或地方政府利用并购进行利益输送，长期看无论是股票投资收益还是会计收益都没有得到持续性改善。李善民、朱滔（2006）研究发现，政治关联对并购绩效影响显著，而且在管理能力差和并购绩效恶化的公司中作用更为显著。方军雄（2008）研究发现，受政府干预强的地方企业更易实施本地并购和多元化并购，而受政府干预弱的中央企业则多实施跨地区并购。潘红波、夏新平、余明桂（2008）研究发现，地方政府干预对盈利样本公司的并购绩效有负面影响，而对亏损样本公司的并购绩效有正面影响，而盈利样本公司的并购绩效与政治关联正相关，这表明政治关联可以作为法律保护的替代机制来保护企业产权免受政府损害。唐建新、陈冬（2010）研究发现，地区投资者保护是影响并购协同效应的重要因素，目标公司所在地的投资者保护程度越高，收购方公司获得的并购收益越大。潘红波、余明桂（2010）研究发现，民营企业在跨区域并购中，当并购公司的投资者法律保护水平高于目标公司时，并购公司能获得更高的超额收益。刘星、吴学娇（2011）研究表明，就盈利企业而言，地方政府干预对并购价值创造的负面影响在盈利企业中更加明显，而且实施并购的地方国企的行业特征会对政府干预与并购价值创造的相关关系产生调节效应。

从以上研究文献中我们不难发现，政府干预及投资者法律保护等外部治理环境确实是影响公司并购绩效的重要因素，国内现有文献虽然考察了政府干预以及投资者法律保护对公司并购绩效的影响，但尚未检验治理环境的改善是否能够减弱终极控制人两权分离对公司并购绩效的负面影响；也没有结合终极控制人性质来检验市场化进程的不平衡导致的治理环境差异对公司并购绩效的影响；另外，金字塔对政府控制的企业所起的作用是否受到市场化进程的影响，这个问题也有待进一步的考察。我国作为市场机制不完善、法制环境较弱的转轨型经济国家，在整体不断推进市场化进程的同时，还客观存在着地区间的不平衡。与此同时，上市公司的股权结构相对集中，且大部分为政府控制，控制权私人收益问题广泛存在。基于此，我们利用樊纲等（2012）编制的中国各地区市场化进程数据，具体包括市场化进程指数和法治水平指数以及政府干预指数，同时以2007~2010年我国上市公司的股权收购、资产收购以及直接吸收合并等扩张性并购事件为研究样本，考察了市场化进程如何影响公司并购绩效；市场化进程的推进能否抑制终极控制人两权分离对公司并购绩效的负面影响；终极控制人性质、政府控制属性以及终极控制人金字塔层级对公司并购绩效的影响是否也受到市场化进程的干预。

本章其他部分结构如下：第一部分是理论分析与研究假设；第二部分是研究设计；第三部分是实证检验与结果分析；第四部分是结论。

8.1 理论分析与研究假设

La Porta 等一系列研究发现，良好公司治理是以有效的投资者法律保护为前提，以此研究为代表，许多西方学者开始关注法治水平这一治理环境因素对公司治理的影响。也有研究表明治理环境还包括产权保护、政府治理以及市场竞争等多方面的制度因素（Dyck 和 Zingales，2004；夏立军、方铁强，2005）。我国的资本市场是一个处于转型时期的新兴市场，市场化进程取得整体推进的同时，还存在在地区间不平衡。樊纲等（2012）从政府与市场的关系、非国有经济的发展、产品市场的发育、要素市场的发育、市场中介组织发育和法律制度环境五个方面对中国各个省级行政区域的市场化程度进行比较分析后指出，由于资源禀赋、地理位置以及国家政策的不同，各地区的市场化进程、法治水平以及政府干预存在较大差别。这为我们研究不同治理环境对公司的影响提供了一个良好的平台。

所在地区的市场化程度越低，法治化水平也相应越差，公司进行扩张的无效并购行为也就越严重。这是因为市场化程度高的地区，法治化水平通常较高，进而能对内部人的机会主义行为形成有效遏制，可在一定程度上减少公司进行资本投资的无效扩张行为。另外，较高的市场化程度对大股东通过并购活动获取私有收益的行为也能够起到有效的监督和约束作用。首先，较高的市场化程度意味着公司所处地区的市场经济发展相对较为完善，来自产品市场、要素市场、劳动力市场和资本市场的竞争程度更为激烈，如果终极控制人过分追求私有收益，而对企业价值和小股东利益不关心，那么很可能使企业面临被市场淘汰或者被其他企业接管的风险，企业也可能失去在资本市场上再融资的能力。其次，较高的市场化程度也意味着公司所在地区的各种市场中介组织发育较好法律制度环境较好，政府干预程度较低，各种外部监督机构也较为完善，企业的信息披露相对较为透明，在企业内部和外部投资者之间的信息不对称程度也较低，在这样的环境下，终极控制人获取控制权私有收益的行为会因为受到更多的监督而变得更加困难。已有的研究表明，我国上市公司债务筹资行为（孙铮等，2005）、业绩表现（夏立军、方铁强，2005；李维安等，2010）、股利政策（雷光勇和刘慧龙，2007）与控制权市场表现（王凤荣等，2011）受到不同地区市场化程度的显著影响；而各地区的投资者的法律保护水平与上市公司的代理成本（王鹏，2008）、权益资本成本（沈艺峰等，2005；姜付秀等，2008）也显著负相关。可见，在较高的市场化程度和法治化水平环境下，终极控制人通过两权分离度的扩大而对中小股东利益进行侵占行为将得到有效的抑制。

假设 1：市场化进程的推进能够提高公司并购绩效。

假设 2：市场化进程的推进能够有效抑制终极控制人两权分离对公司并购绩效带来的负面影响。

所在地区市场化程度越高，政府的职能可能转变得越彻底，而政府与企业的关系也更多地表现为服务而不是干预；同时，市场化程度较高，公司间的竞争就越激烈，优胜劣汰的生存法则就越明显，因此政府主导的非市场化的公司并购发生的概率就较低；市场化程度较高，法治水平也较高，法律法规对政府的约束力就相应较强，那么地方官员为了追逐个人私利而进行的公司并购也将受到严格监管。因此我们推断，市场化进程较高的地区，政府属性对公司并购的消极影响会较低。

但是从另外一个角度来讲，公司的产权性质是内部的一项微观制度，外部环境对公司并购行为的影响反过来还可能受到公司产权性质的制约。因此，我们认为，公司最终控制人的产权性质和控制层级，反过来也可能影响到各地区的市场化程度对公司并购的行为及绩效。政府作为国有上市公司的终极控制人，由于其本身既充当国有资本所有者的身份，又充当社会的行政管理者，这种双重角色使其控制下的公司面临的竞争、约束环境与非政府控制的企业均存在较大差异，容易导致政企不分。市场化进程的推进虽能在一定程度上促进公司外部治理环境的改善，但政府尤其是地方政府对其控制的上市公司的过度干预以及预算软约束的存在又阻碍了市场机制的有效运行，从而会削弱市场化进程的外部治理效应；同时，在我国这样一个低法治水平的国家，法律制度本身对政府行为的约束力有限，尤其是对低层级的地方政府（夏立军、方铁强，2005），这是因为我国的司法改革同样还很落后，大部分的司法机关仍然依附于当地政府，所以政府控制属性势必削弱市场化进程的治理效应。而非政府控制的公司较少承担社会功能和政策性负担，更多是以追求企业利润最大化为目标，企业行为也遵循市场竞争原则，由市场机制主导资源配置，因此市场化进程能够发挥更好的治理效应。高雷、宋顺林（2007）研究发现，市场化进程和法律对投资者的保护水平有利于减少代理成本，但政府干预显著增加了代理成本。杨兴全等（2010）发现，上市公司的国有性质弱化了市场化进程对公司超额持有现金导致的过度投资行为的治理效应。可见，市场化进程的治理效应将受上市公司终极控制人政府控制属性的影响。基于以上分析，我们提出如下两个相互竞争的假设：

假设3a：随着市场化进程的推进，终极控制人政府控制属性对并购绩效的消极影响会逐渐减弱。

假设3b：终极控制人的政府控制属性会弱化市场化进程的治理效应，这一作用可能在地方政府控制的企业中更加明显。

并购绩效的预期决定了其更依赖于外部环境。目前，由于中央与地方财税分权改革导致地方司法机构资金预算严重依赖于当地政府，使司法机关受制于地方政府而严重缺乏独立性。Allen等（2005）研究认为，中国投资者法律保护水平普遍较低导致法律实施的效果较差，同时中国地方政府及其官员为了自身的利益干扰当地的司法独立运行，这在一定程度上不利于一个地区法治水平的提高。当法治水平较低时，股东通常会以向政府官员行贿、发生政治关联等利用各种方式来保护他们的产权及契约避免受影响（Shleifer和Vishny，1998；Acemoglu和Johnson，2005；Caprio等，2008；潘红波等，2008）。而建立金字塔的股权结构，减弱政府对企业的直接控制也是保护自身产权及契约不受政府过度干预的一种有效途径。Khanna和Palepu（2000）认为，对于处于转轨时期的中国经济来说，金字塔结构可能是市场、制度及法治水平的替代。这是因为当各项制度对企业产权的保护较差，而企业契约执行与监管效率也较低时，金字塔结构就可能承担了本应由这些外部市场承担的产权和签约的保护功能。当然，金字塔股权结构的这种功能应该在政府控制尤其是地方政府控制的企业中表现得更明显。因此，在我国市场化进程不断推进又存在地区间不平衡的制度背景下，金字塔层级对地方政府控制企业的并购绩效的保护效应必然会存在较大的差别。在市场化程度较低的地区，金字塔结构可以作为外部市场环境的一种替代，来保护公司的产权免受政府的掠夺和影响；而在市场化程度较高的地区，金字塔结构的这种保护效应会相对减弱。

与此同时，随着中国的市场化改革推进，中央政府不断向地方政府下放财权，而地方政府也不断向下属国有企业下放控制权，这种局面直接导致中国政府控制的企业多层级控制股权结构大量出现，而终极控制人与上市公司之间的控制链也呈增长态势。因此，在市场化改革进程越快的地区，政府越有动机放松对下属企业的控制权，而政府与国有企业之间引入的中间层级也就越多（钟海燕等，2012），那么金字塔层级对企业的保护效应就越强。

基于以上分析，我们提出如下相互对立的假设：

假设 4a：随着市场化进程的加快，金字塔层级对地方政府控制企业的并购绩效的保护效应将有所减弱。

假设 4b：随着市场化进程的加快，金字塔层级对地方政府控制企业的并购绩效的保护效应将有所增强。

8.2 研究设计

8.2.1 数据来源与样本选择

本章的数据来源于 CSMAR 并购重组数据库中 2007 ~ 2010 年发生的所有涉及上市公司的股权收购、资产收购以及直接吸收合并事件，共计 3756 起。根据研究需要，我们在第 4 章的筛选样本基础上再次进行了筛选，剔除市场化进程、终极控制人性质不详以及金字塔股权结构数据缺失的样本，最终确定了 936 起并购事件作为本章研究的有效样本。治理环境指数来自樊纲等的《中国市场化指数——各地区市场化相对进程 2011 年报告》，基于本章的研究角度，我们主要选取市场化指数、法治水平指数以及政府干预指数作为市场化进程的替代变量。本章的计算过程全部利用 Excel 和 Stata10. 0 统计软件完成。本章所使用的其他财务数据主要来源于 CSMAR 系列研究数据库系统和 CCER 中国经济金融数据库系统。

8.2.2 模型设计与变量定义

8.2.2.1 模型设计

首先，为了检验市场化进程、两权分离与公司并购绩效之间的关系，我们分别引入了市场化指数哑变量 Indexdum 及其交互变量 Indexdum × Dev 构建了模型 1 和模型 2，如果模型 1 中 Indexdum 和模型 3 中 Indexdum × Dev 的回归系数显著为正，则表明市场化程度确实能够提高公司并购绩效，并且市场化程度的提高能够抑制终极控制人两权分离对公司并购绩效的负面影响。

$$BHAR = \alpha_0 + \alpha_1 Indexdum + + \alpha 2Amount + \alpha 3Age + \alpha 4EPS + \alpha 5Size + \alpha 6Clev + \sum Year + \sum Ind + \varepsilon \quad (1)$$

$$BHAR = \alpha 0 + \alpha 1Dev + \alpha 2Indexdum + \alpha 3Indexdum \times Dev + \alpha 4Amount + \alpha 5Age + \alpha 6EPS + \alpha 7Size + \alpha 8Clev + \sum Year + \sum Ind + \varepsilon \quad (2)$$

其次，为了进一步检验终极控制人性质对公司并购绩效以及对市场化进程的治理效应的影响，我们引入交互变量 Indexdum × State 构建了模型 3，如果 Indexdum × State 的回归系数显著为负，说明终极控制人的政府控制属性减弱了市场化进程对并购绩效的直接治理效应；我们又引入交互变量 Indexdum × Local 构建了模型 4，通过对政府控制子样本进行回归，进一步揭示地方控制属性对市场化进程治理效的影响。如果 Indexdum × Local 的回归系数显著为负，说明相对于中央政府控制的企业而言，地方政府控制属性更明显地减弱了市场化进程对并购绩效的治理效应。

$$BHAR = \alpha_0 + \alpha_1 State + \alpha_2 Indexdum + \alpha_3 Indexdum \times State + \alpha_4 Amount + \alpha_5 Age + \alpha_6 EPS + \alpha_7 Size + \alpha_8 Clev + \sum Year + \sum Ind + \varepsilon \quad (3)$$

$$BHAR = \alpha_0 + \alpha_1 Local + \alpha_2 Indexdum + \alpha_3 Indexdum \times Local + \alpha_4 Amount + \alpha_5 Age + \alpha_6 EPS + \alpha_7 Size + \alpha_8 Clev + \sum Year + \sum Ind + \varepsilon \quad (4)$$

最后，为了检验市场化进程、金字塔控制级层与公司并购绩效之间的关系，我们引入交互变量 Indexdum × Layer 构建了模型 5。我们通过对地方政府控制子样本进行回归，检验了市场化进程对地方政府控制企业的金字塔层级及其并购绩效的影响。

$$BHAR = \alpha_0 + \alpha_1 Layer + \alpha_2 Indexdum + \alpha_3 Indexdum \times Layer + \alpha_4 Amount + \alpha_5 Age + \alpha_6 EPS + \alpha_7 Size + \alpha_8 Clev + \sum Year + \sum Ind + \varepsilon \quad (5)$$

8.2.2.2 变量定义

模型中主要变量含义如下：因变量 BHAR 为并购事件公告后 1 ~ 2 年内的收购公司的市场绩效，即长期持有超额收益（BHAR），与第 4 章描述的定义及计算方法相同。State 为终极控制人性质变量，如果公司被政府控制，那么 State 取值为 1，否则取值为 0；如果公司被地方政府控制，那么 LocalGov 取值为 1，否则取值为 0；Layer 是公司金字塔层级数的哑变量；若样本的金字塔层级大于 2 时，Layer 取值为 1，否则取值为 0。Indexdum 是地区市场化进程的哑变量，地区市场化进程指数（Index）包括市场化指数（Mar）、法治水平指数（Law）以及政府干预指数（Gov）。其中，Mar 数值越大，表示市场化程度越

高；Law 数值越大，表示法治化水平越高；Gov 数值越大，表示政府干预水平越低。如果实证检验中直接用 Index 作为交叉项，将产生严重的多重共线性问题，会降低最后结果的可信性。因此，我们参照王文剑（2007）、杨兴全（2011）的做法，引入 Indexdum 哑变量，即 Mardum 为市场化进程哑变量，当市场化指数（Mar）大于中位数时取值为 1，否则取值为 0；Law 为法治水平指数，数值越大表示法制化水平越高，当对应指数高于中位数时取值为 1，否则取值为 0；这一做法很好地避免了多重共线性问题。另外，市场化进程的实际数据将在描述性统计中列示。其余的变量定义与解释均与第 4 章相同，不再赘述。

8.3　实证检验与结果分析

8.3.1　主要变量的描述性统计与分析

为了消除极端值的影响，我们对样本进行了 Winsorize 处理。表 8 - 1 列出了主要变量的描述性统计。从描述性统计中我们可以看出，并购后一年（$BHAR_{12}$）及两年的市场绩效（$BHAR_{24}$）的均值与中位数都小于零，这说明并购并未给收购公司股东创造财富。在治理环境指数中，Mar、Law 及 Gov 的最大值分别为 13.79、22.4833 及 11.257，最小值分别为 4.64、2.79 及 1.79，而均值分别为 9.45、8.97 及 9.57，这充分说明我国地区间的市场化进程、法治化水平以及政府干预程度的发展极不平衡，各地区的上市公司面临的治理环境的差异较大。

表 8 - 1　主要变量的描述性统计

变量	样本数	均值	中位数	标准差	最小值	最大值
BHAR	832	-0.040	-0.187	0.720	-2.541	4.333
$BHAR_{12}$	936	-0.003	-0.081	0.563	-1.667	4.940
Dev	936	1.906	1.100	0.787	1.000	5.747
Mar	936	9.366	9.450	2.182	4.640	13.790
Law	936	9.589	8.120	4.731	2.790	22.483
Gov	936	9.363	9.570	1.313	1.790	11.257

续表

变量	样本数	均值	中位数	标准差	最小值	最大值
Layer	936	2.961	2.700	0.963	1.000	9.000
Amount	936	0.153	0.021	0.530	0.000	4.183
Age	936	1.941	2.197	0.755	0.000	2.890
EPS	936	0.352	0.270	0.492	-3.540	5.890
Size	936	21.517	21.362	1.204	18.072	27.625
Clev	936	0.083	0.038	0.108	0.000	0.478

为了进一步描述 BHAR 与主要变量之间的关系，我们还按照主要变量分组对 BHAR 进行了相关统计量的检验。表 8-2 是 BHAR 的组间比较检验结果。从表 8-2 的结果我们发现，在市场化程度较高、法治水平较高以及政府干预较低的子样本中，BHAR 都较高，说明市场化进程的治理效应越好，公司并购绩效越好。总之，分组检验的结果基本与我们的研究假设相一致。

表 8-2 BHAR 的组间比较

	N	$BHAR_{12}$				N	$BHAR_{24}$			
		均值	T 值	中位数	Z 值		均值	T 值	中位数	Z 值
Mar≥中位数	482	-0.0056	0.8151	-0.0797	-0.628	445	0.0058	-1.9828**	-0.1611	-2.055**
Mar<中位数	454	-0.0061		-0.0852		387	-0.0932		-0.2164	
Law≥中位数	486	-0.0027	0.8406	-0.0706	-0.853	454	0.0043	-1.9115*	-0.1614	-2.090**
Law<中位数	450	-0.0042		-0.0865		378	-0.0936		-0.2199	
Gov≥中位数	582	0.0123	1.1001	-0.0664	1.386	524	0.0015	-2.3858***	-0.1729	-1.760*
Gov<中位数	354	-0.0294		-0.0953		308	-0.0681		-0.2133	

注：平均值的采用 T 检验方法，中位数采用 Wilcoxon 秩和检验方法；***、**、*分别表示在 1%、5%、10%的水平上显著。

8.3.2 市场化进程、两权分离与公司并购绩效的检验

表 8-3 是市场化进程与公司并购绩效回归检验的结果。在检验中，出于稳健性的考虑，我们仍然选择收购公司并购后一年和并购后两年的市场绩效作为并购绩效的替代变量，同时选取市场化指数（Mar）、法治水平指数（Law）及政府干预指数（Gov）作为市场化进程的代理变量，最后发现检验结果并没

有本质差异。表 8 -4 的结果显示，模型 1 中的 Mar 与并购绩效在 10% 的水平上显著正相关；模型 2 中的 Law 与并购绩效正相关，但不显著；模型 3 中的 Gov 与并购绩效在 1% 的水平上显著正相关；而模型 4、模型 5 及模型 6 中的这三项指数分别与公司并购绩效在 1% 的水平上显著正相关，这说明市场化进程的推进确实能够提高公司的并购绩效。也就是说，随着收购公司所在地区市场化程度和法治化水平的提高以及政府干预程度的下降，公司的并购绩效会有根本的改善。假设 1 得到验证。

表 8 -3　市场化进程与并购绩效的检验结果

变量	$BHAR_{12}$			$BHAR_{24}$		
	模型 1	模型 2	模型 3	模型 4	模型 5	模型 6
cons	1.3955 *** (3.47)	1.3863 *** (3.44)	1.3167 *** (3.39)	2.6460 *** (8.86)	2.6520 *** (9.11)	2.6515 *** (9.18)
Mar	0.0296 * (1.81)			0.0403 *** (5.36)		
Law		0.0252 (1.46)			0.0363 *** (5.15)	
Gov			0.0328 *** (3.54)			0.0653 *** (4.45)
Amount	0.1034 *** (3.10)	0.1031 *** (3.07)	0.1014 *** (2.95)	0.1439 *** (6.76)	0.1442 *** (6.68)	0.1428 *** (7.07)
Age	0.0186 (1.45)	0.0181 (1.43)	0.0151 (1.27)	-0.0614 ** (-2.47)	-0.0613 ** (-2.44)	-0.0602 ** (-2.39)
EPS	0.1117 *** (10.04)	0.1119 *** (10.20)	0.1123 *** (10.09)	0.1572 *** (7.90)	0.1568 *** (8.61)	0.1575 *** (9.12)
Clev	0.0829 ** (2.08)	0.0792 * (1.88)	0.0486 (0.93)	-0.171 (-1.38)	-0.169 (-1.38)	-0.178 (-1.37)
Size	-0.0696 *** (-3.82)	-0.0693 *** (-3.80)	-0.0671 *** (-3.79)	-0.1246 *** (-9.59)	-0.1248 *** (-9.78)	-0.1258 *** (-10.30)
Year	控制	控制	控制	控制	控制	控制
Ind	控制	控制	控制	控制	控制	控制
N	936	936	936	832	832	832
Adj_R^2	0.0397	0.0395	0.0399	0.0656	0.0655	0.0664
F 值	16.87	16.60	19.21	13.636	13.530	13.562

注：括号内为相应系数的 T 值；***、**、* 分别表示在 1%、5%、10% 的水平上显著。

表8-4 市场化进程、两权分离与公司并购绩效

变量	$BHAR_{12}$			$BHAR_{24}$		
	模型1	模型2	模型3	模型4	模型5	模型6
cons	1.3628*** (3.28)	1.3534*** (3.25)	1.2839*** (3.16)	2.6910*** (8.96)	2.6976*** (9.22)	2.6928*** (9.10)
Dev	-0.0180** (-2.17)	-0.0182** (-2.17)	-0.0221 (-1.63)	-0.0216*** (-5.02)	-0.0218*** (-4.92)	-0.0229*** (-3.98)
Mar	0.00760 (0.46)			0.0105 (1.23)		
Law		0.0142 (0.95)			0.00600 (0.72)	
Gov			0.0723*** (4.24)			0.0363** (2.01)
Dev × Mar	0.0240*** (3.04)			0.0192*** (13.83)		
Dev × Law		0.0241*** (3.03)			0.0195*** (15.64)	
Dev × Gov			0.0205** (1.99)			0.0189*** (6.07)
Amount	0.1042*** (3.11)	0.1039*** (3.08)	0.1019*** (2.95)	0.1428*** (6.51)	0.1431*** (6.43)	0.1420*** (6.79)
Age	-0.0172 (-1.39)	-0.0168 (-1.37)	-0.0141 (-1.22)	-0.0592** (-2.45)	-0.0591** (-2.42)	-0.0585** (-2.40)
EPS	0.1121*** (10.20)	0.1122*** (10.31)	0.1123*** (10.22)	0.1566*** (9.17)	0.1562*** (8.77)	0.1573*** (9.41)
Clev	-0.0862 (-1.23)	-0.0821 (-1.09)	-0.0484 (-0.92)	-0.179 (-1.40)	-0.176 (-1.40)	-0.183 (-1.36)
Size	-0.0693*** (-3.76)	-0.0690*** (-3.74)	-0.0670*** (-3.75)	-0.1253*** (-9.64)	-0.1255*** (-9.84)	-0.1262*** (-10.29)
Year	控制	控制	控制	控制	控制	控制
Ind	控制	控制	控制	控制	控制	控制
N	936	936	936	832	832	832
Adj_ R^2	0.0410	0.0408	0.0412	0.0656	0.0655	0.0664
F值	12.86	12.90	16.42	13.636	13.530	13.562

注：括号内为相应系数的T值；***、**、*分别表示在1%、5%、10%的水平上显著。

在第 4 章我们已经验证了终极控制人的两权分离会导致公司并购绩效的恶化，这是由于随着两权分离的加剧，终极控制人有更强烈的动机侵占中小股东的利益造成的。为了进一步检验市场化进程的治理效应对两权分离与并购绩效关系的影响，我们引入了市场化进程与两权分离的交叉变量，表 8 -4 是市场化进程、两权分离与公司并购绩效的检验结果。从表 8 -4 可以看到，无论选公司并购后一年还是并购后两年的市场绩效作为因变量，检验结果基本相似。表 4 的模型 1、模型 2 及模型 3 中的 Dev × Mar 、Dev × Law 及 Dev × Gov 的回归系数分别在 1% 、1% 及 5% 的水平上显著为正；而模型 4、模型 5 及模型 6 中 Dev × Mar 和 Dev × Law 及 Dev × Gov 的回归系数都在 1% 的水平上显著为正，这说明市场化进程的推进、法治化水平的提高以及政府干预程度的改善都能在一定程度上抑制终极控制人两权分离对公司并购绩效带来的负面影响。也就是说，终极控制人两权分离与公司并购绩效的关系受到市场化进程的治理效应影响，而治理环境的改善能够从根本上缓解终极控制人与中小股东的代理冲突，从而弱化两权分离对公司并购绩效带来的负面影响。假设 2 得到验证。

8.3.3　市场化进程、终极控制人性质与公司并购绩效的检验

第 5 章中，我们经过检验已经发现，政府控制尤其是地方政府控制的上市公司由于受到严重的政府干预，公司并购绩效相对较差。市场化进程的推进究竟是减弱了这种负面影响；反过来，市场化的正面治理效应会进一步受到政府控制属性的影响呢？表 8 -5 就是结合终极控制人性质检验市场化进程对公司并购绩效的治理效应的。从结果看，当以并购后一年的市场绩效为因变量进行回归时，表 5 的模型 1 中的 State × Mar 为正，但不显著，模型 2 与模型 3 中 State × Law 和 State × Gov 的回归系数分别在 1% 和 5% 的水平上显著为负；而以并购后两年的市场绩效为因变量进行回归时，模型 4、模型 5 及模型 6 中的 State × Mar、State × Law 和 State × Gov 的回归系数均在 1% 的水平上显著为负。这说明相对于非政府控制的上市公司而言，政府控制公司对市场化进程与公司并购绩效关系的负面影响更大。也就是说，终极控制人的政府控制属性弱化了治理环境对上市公司并购绩效的治理效应。

表 8 -6 是地方政府控制对市场化进程与公司并购绩效关系的影响检验结果。为了保证结果的稳健性，我们仍然选择收购公司并购后一年和并购后两年的市场绩效作为并购绩效的替代变量，同时选取市场化指数（Mar）、法治水平指数（Law）及政府干预指数（Gov）作为市场化进程的代理变量，并只针对政府控制样本进行回归，最后发现检验结果并没有本质差异。表 8 -6 的模

表 8-5 市场化进程、终极控制人性质与公司并购绩效的检验结果

变量	BHAR$_{12}$			BHAR$_{24}$		
	模型 1	模型 2	模型 3	模型 4	模型 5	模型 6
cons	1.2922*** (3.16)	1.2845*** (3.16)	1.2317*** (3.14)	2.4690*** (7.77)	2.4825*** (8.17)	2.5111*** (8.82)
State	-0.1059** (-2.26)	-0.0975** (-2.06)	-0.1250** (-2.01)	-0.123*** (-5.75)	-0.123*** (-5.68)	-0.160*** (-8.58)
Mar	0.1201 (1.11)			0.0207 (1.42)		
Law		0.100 (1.62)			0.0251 (1.23)	
Gov			0.0432 (0.70)			0.0132 (0.89)
State × Mar	0.104 (1.01)			-0.116*** (-3.27)		
State × Law		-0.1384* (-1.73)			-0.115*** (-3.25)	
State × Gov			-0.148** (-2.41)			-0.154*** (-5.40)
Amount	0.1127*** (3.80)	0.1107*** (3.60)	0.1077*** (3.23)	0.1520*** (6.71)	0.1519*** (6.66)	0.1507*** (8.16)
Age	-0.0271** (-2.38)	-0.0265** (-2.42)	-0.0256*** (-3.02)	-0.0519* (-1.96)	-0.0517* (-1.93)	-0.0469* (-1.82)
EPS	0.1085*** (10.04)	0.1092*** (10.19)	0.1105*** (9.08)	0.1538*** (10.21)	0.1537*** (11.00)	0.1554*** (16.46)
Clev	-0.0684* (-1.68)	-0.0665 (-1.58)	-0.0365 (-0.66)	-0.173 (-1.36)	-0.170 (-1.36)	-0.179 (-1.31)
Size	-0.0629*** (-3.50)	-0.0628*** (-3.52)	-0.0612*** (-3.54)	-0.114*** (-7.98)	-0.116*** (-8.32)	-0.116*** (-9.64)
Year	控制	控制	控制	控制	控制	控制
Ind	控制	控制	控制	控制	控制	控制
N	936	936	936	832	832	832
Adj_ R^2	0.0448	0.0434	0.0447	0.0671	0.0670	0.0690
F 值	6.648	4.378	5.317	2.695	2.604	2.433

注：括号内为相应系数的 T 值；***、**、*分别表示在 1%、5%、10% 的水平上显著。

表 8-6　市场化进程、政府控制与公司并购绩效的检验结果

变量	$BHAR_{12}$			$BHAR_{24}$		
	模型 1	模型 2	模型 3	模型 4	模型 5	模型 6
cons	1.2388***	1.2454***	1.2441***	2.5171***	2.5264***	2.5845***
	(3.28)	(3.33)	(3.51)	(8.28)	(8.64)	(9.80)
Local	0.0270	0.0165	-0.0167	-0.0430	-0.0439	-0.0756***
	(1.20)	(0.85)	(-0.90)	(-1.52)	(-1.60)	(-4.04)
Mar	0.0946*			0.00300		
	(1.93)			(0.09)		
Law		0.0799*			0.00680	
		(1.85)			(0.17)	
Gov			0.00710			0.0460***
			(0.25)			(4.75)
Local × Mar	-0.1625***			-0.131*		
	(-2.61)			(-1.93)		
Local × Law		-0.1437**			-0.129*	
		(-2.46)			(-1.91)	
Local × Gov			-0.1144**			-0.176***
			(-2.13)			(-3.23)
Amount	0.1089***	0.1076***	0.1038***	0.1508***	0.1508***	0.1463***
	(3.55)	(3.43)	(3.06)	(6.74)	(6.74)	(7.89)
Age	-0.0307**	-0.0301**	-0.0266**	-0.0480*	-0.0480*	-0.0477*
	(-2.20)	(-2.22)	(-2.43)	(-1.71)	(-1.70)	(-1.80)
EPS	0.1072***	0.1082***	0.1096***	0.1524***	0.1521***	0.1545***
	(10.85)	(11.25)	(10.47)	(10.69)	(13.28)	(10.62)
Clev	0.0817**	0.0768**	0.0413	-0.172	-0.170	-0.183
	(2.45)	(2.11)	(0.78)	(-1.44)	(-1.45)	(-1.37)
Size	-0.0653***	-0.0651***	-0.0627***	-0.1166***	-0.1172***	-0.1187***
	(-3.86)	(-3.84)	(-3.78)	(-9.22)	(-9.71)	(-10.06)
Year	控制	控制	控制	控制	控制	控制
Ind	控制	控制	控制	控制	控制	控制
N	558	558	558	510	510	510
Adj_R^2	0.0462	0.0451	0.0447	0.0699	0.0696	0.0699
F 值	5.84	3.53	5.738	3.056	3.063	2.671

注：括号内为相应系数的 T 值；***、**、* 分别表示在 1%、5%、10% 的水平上显著。

型1、模型2与模型3中的Local×Mar、Local×Law和Local×Gov的回归系数分别在1%、5%和5%的水平上显著为负；而模型4、模型5及模型6中的Local×Mar、Local×Law和Local×Gov的回归系数分别在10%、10%及1%的水平上显著为负，这说明相对于中央政府控制的上市公司而言，地方政府控制的上市公司对市场化进程与公司并购绩效关系的负面影响更大。也就是说，终极控制人的政府控制属性对市场化进程治理效应的弱化作用在地方政府控制的企业中更加明显。综上所述，假设3b得到验证。

8.3.4 市场化进程、金字塔层级与公司并购绩效的检验

第5章中，我们经过检验已经发现，政府控制尤其是地方政府的上市公司由于受到严重的政府干预，公司并购绩效相对较差，但是金字塔层级能够抑制政府干预对并购绩效的负面影响，而这种作用在地方政府控制的上市公司中表现得更加明显。在此基础上，我们进一步检验市场化进程对金字塔层级的这种保护效应的影响。结果如表8-7所示。从结果可以看到，当以并购后一年的市场绩效为因变量进行回归时，表8-7的模型1、模型2及模型3中的Layer×Mar、Layer×Law和Layer×Gov的回归系数都在1%水平上显著为负；而以并购后两年的市场绩效为因变量进行回归时，模型4、模型5及模型6中的Layer×Mar、Layer×Law和Layer×Gov的回归系数均在1%的水平上显著为负。这说明，对地方政府控制的上市公司而言，市场化进程的推进减弱了金字塔层级对公司并购绩效的保护效应。也就是说，在市场化程度较低的地区，金字塔层级可以作为外部市场环境的一种替代，来保护公司的产权免受掠夺和影响；而在市场化程度较高的地区，金字塔结构的这种保护效应会相对减弱。假设4a得到验证。

表8-7 市场化进程、金字塔层级与公司并购绩效的检验结果

变量	$BHAR_{12}$			$BHAR_{24}$		
	模型1	模型2	模型3	模型4	模型5	模型6
cons	1.2943***	1.3076***	1.2833***	2.4021***	2.4349***	2.5367***
	(3.42)	(3.61)	(4.25)	(3.54)	(3.71)	(5.15)
Layer	0.1477***	0.1553***	0.2426***	0.135	0.132	0.2234**
	(7.21)	(10.60)	(10.72)	(1.44)	(1.33)	(1.99)
Mar	0.1642***			0.2253***		
	(7.22)			(2.79)		

续表

变量	$BHAR_{12}$			$BHAR_{24}$		
	模型 1	模型 2	模型 3	模型 4	模型 5	模型 6
Law		0.1623*** (9.02)			0.2174*** (2.87)	
Gov			0.2468*** (31.90)			0.2691*** (6.39)
Layer × Mar	-0.2272*** (-6.51)			-0.2735*** (-3.51)		
Layer × Law		-0.2211*** (-7.98)			-0.2662*** (-3.31)	
Layer × Gov			-0.3272*** (-11.09)			-0.3820*** (-5.31)
Amount	0.1620*** (3.17)	0.1626*** (3.18)	0.1513*** (2.74)	0.2604** (2.52)	0.2604** (2.53)	0.2434** (2.31)
Age	-0.0131 (-0.47)	-0.0136 (-0.50)	-0.00480 (-0.19)	-0.0150 (-0.35)	-0.0158 (-0.38)	-0.00830 (-0.21)
EPS	0.1560*** (4.00)	0.1555*** (3.95)	0.1559*** (4.04)	0.2511*** (5.97)	0.2512*** (5.96)	0.2525*** (5.52)
Clev	-0.0699*** (-4.68)	-0.0704*** (-4.92)	-0.0733*** (-5.99)	-0.1257*** (-4.74)	-0.1269*** (-4.94)	-0.1346*** (-7.04)
Size	-0.0726 (-0.95)	-0.0720 (-0.98)	-0.0882 (-1.33)	-0.3318** (-2.10)	-0.3297** (-2.13)	-0.3357** (-2.56)
Year	控制	控制	控制	控制	控制	控制
Ind	控制	控制	控制	控制	控制	控制
N	433	433	433	386	386	386
Adj_ R^2	0.0843	0.0837	0.0960	0.155	0.154	0.161
F 值	28.31	27.16	26.84	5.556	5.367	10.96

注：括号内为相应系数的 T 值；***、**、*分别表示在 1%、5%、10% 的水平上显著。

8.3.5 稳健性检验

出于稳健性考虑，本章还做了如下检验：

（1）根据 La Porta（1999）、Faccio 和 Lang（2002）等一些有代表性的研究常把终极控制人有效控制比例界定为 10% 或 20%，因此，我们也选择 20% 作为终极股东有效控制比例进行稳定性检验，检验结果没发生实质变化。

（2）对于收购公司预期收益率（ER_{it}），我们按照李增泉等（2005）的做法，把市场上所有的上市公司在每个月末按照流通市值排序并等分成 10 组，选取每一家公司所在组的平均投资收益即为该公司该月对应的预期收益率，将这样计算出来的 BHAR 带入相关模型中进行回归，结果仍然支持本章假设。

（3）重新设置金字塔结构层次的哑变量（Layer）。若样本的金字塔层级大于 1，则 Layer 取值为 1，否则取值为 0。将这样设置出来的 Layer 重新带入相关模型中进行回归，结果没有实质变化。

（4）基于稳健性的考虑，我们进一步将全部样本根据市场化程度、法治化水平以及政府干预程度分为高低两个组，然后将上述检验内容再进行一次分组检验，结果仍然支持本章的相关假设。

（5）我们还选择了非政府控制的公司进行市场化进程、金字塔层级与公司并购绩效的检验，结果发现金字塔层级对非政府控制公司并购绩效的负面作用，随着市场化进程的推进而有所减弱。这也进一步验证了本章的结论。

（6）我们将样本中进行了多次并购的公司全部剔除，然后重新计算 BHAR 并进行回归，结果仍然支持本章假设。

限于篇幅的影响，稳健性检验结果没有全部列示。

8.4 结 论

公司的并购决策深受代理问题的影响，而代理冲突的程度又与一个国家特定的制度背景相关，公司的并购很大程度上内生于其所处的制度背景。基于此，本章以 2007 ~2010 年我国上市公司的股权收购、资产收购以及直接吸收合并等扩张性并购事件为研究样本，并结合我国各地区市场化进程发展的不平衡性与上市公司终极人控制的制度背景，对治理环境、终极人控制与公司并购绩效的关系进行了实证研究。研究结果发现：①市场化进程与公司并购绩效正相关，而市场化环境的改善缓解了终极控制人与中小股东的代理冲突，从而抑制两权分离对公司并购绩效带来的负面影响；②终极控制人的政府控制属性会弱化市场化进程对公司并购绩效的治理效应，这在地方政府控制的上市公司中表现得更加明显；③以地方政府为终极控制人的公司，金字塔层级与公司并购绩效正相关，但随着市场化进程的推进，金字塔层级的这种保护效用会减弱。

本章主要贡献：一是从公司并购行为的视角回答了市场化进程对于公司治理效率的正面积极影响，即市场化进程的推进在提高公司并购绩效的同时还有效抑制了终极控制人两权分离对公司并购绩效的负面影响；二是通过公司并购绩效检验政府控制属性对市场化进程治理效应的影响，使我们深刻认识到，政府对经济的不恰当干预往往导致了与市场经济相违背的后果，因此须消除政府对经济的不恰当干预；三是通过检验市场化进程对地方政府控制的金字塔层级与公司并购绩效关系的影响，进一步验证了在外部制度环境极不完善的转型时期的中国，金字塔结构作为法律的一种替代机制，为保护公司的投资免受政府干预提供了证据，并且本章丰富了新兴资本市场国家金字塔股权结构的相关研究。

本章研究结论的启示在于：要优化公司的并购投资行为，提高公司并购绩效，不仅要考虑公司的微观制度特件，还应关注在公司治理中发挥“基础性”治理效应的环境因素。也就是说，我们在通过公司内部治理机制，协调终极控制人与中小股东利益的同时，还应积极推进各地区市场化进程，强化中小投资者的法律保护力度，切实为企业营造一个规范、公平的竞争环境。此外，由于治理环境的治理效应还受到公司政府控制性质的影响，所以治理环境的改善还要与降低公司政府控制程度的产权改革共同推进，并且应进一步加快政企分离，减少政府对企业行为的干预，只有这样才能更有效地提升公司并购绩效。

第9章　市场化进程、管理者权力与公司并购绩效

并购不仅是公司最重要的经营决策，其对证券市场发展及社会资源配置更是具有举足轻重的作用，伴随着世界范围内并购浪潮的持续升温，对于公司并购绩效问题的研究始终是国内外学者关注的焦点问题。公司并购过程是否创造了价值？大量研究发现，对主并公司来说，并购行为并未创造价值（Andrade等，2001；Bruner，2002；Fuller等，2002；Jensen和Ruback，1983；Mulherin和Boone，2000；李善民等，2003），在并购行为未产生价值创造的情况下，主并公司为何仍会积极实施并购行为呢？公司的并购过程集中体现了公司内部各利益集团的博弈过程，并凸显出股东与管理者之间的代理冲突。由于能够通过控制更多的资源来获取私人利益，自利的管理者通常具有通过并购、过度投资及多元化经营等决策来扩大公司规模，进行“帝国建造”的倾向。管理者作为公司经营决策的执行者，在行使股东决策的同时也具有一定的经营决策权，在信息不对称及投资者法律保护薄弱的情况下，权力强大的管理者在公司的具体经营决策上往往能够掌握绝对权力（权小锋、吴世农，2010），管理者权力越强大，越有动机与能力通过影响公司并购决策以攫取私人收益。然而现有文献还未结合管理者权力对公司并购绩效进行研究。作为新兴国家及转轨经济国家，我国上市公司多由国有企业改制而来，国有与非国有企业在代理问题上的严重程度、高管激励与监督方面具有显著差异（Shleifer和Vishny，1997），进而必然影响管理者利用权力进行并购的能力。此外，经过30余年的渐进式发展，市场化改革虽然已经取得很大成功，但由于我国地域广阔，各地区资源与政策的不同，致使各地区的市场化程度呈现出不平衡性。在市场化进程发展较快的地区，其法制水平较高，各项监管措施的执行更彻底，外部治理环境的改善必将对管理者利用权力通过并购侵占股东利益的行为产生一定的约束作用。因此，本章从代理问题的角度入手，研究管理者权力对公司并购绩效

的影响，并在此基础上，进一步结合控制性股东的产权性质及市场化改革的制度背景，检验股东特征与外部环境如何影响管理者利用权力通过并购攫取私人收益的行为。

本章以2007~2010年我国上市公司的股权收购、资产收购以及直接吸收合并等扩张性并购事件为研究样本，实证检验管理者权力对公司并购绩效的影响。检验结果发现，管理者权力与并购绩效显著负相关；与非国有企业相比，终极控制人为国家的企业中，管理者权力对并购绩效的负面影响更加显著；市场化进程能够抑制管理者权力对并购绩效的负面影响，但公司的国有控制性质会弱化市场化进程的这种抑制作用。与现有文献相比，本章的贡献在于：第一，实证检验我国上市公司管理者权力对公司并购绩效的影响，从公司并购视角发现了管理者利用其权力进行寻租的证据，为并购公司在未创造价值的情况下仍然热衷的并购行为提供了理论依据；拓展了现有研究主要将管理者权力用于研究高管薪酬问题的局限。第二，结合终极控制股东的产权性质及市场化进程的制度背景，一方面补充了由不同产权性质导致的效率差异方面的文献；另一方面为我国市场化改革的功效提供了经验证据。

本章剩余部分结构安排如下：第一部分为文献综述与假说发展；第二部分为研究设计；第三部分为实证结果与分析；第四部分为本章的研究结论。

9.1　文献综述与假说发展

国外学者提出的管理者权力理论主要用于解释公司高管薪酬偏离经营业绩的现象，认为由于管理者权力的存在，致使作为缓解代理问题的薪酬激励机制反而成为代理问题的一种表现，如Hambrick和Finkelstein（1995）研究发现，在管理层控制的企业中，CEO薪酬的增长速度更快。Hu和Kumar（2004）研究表明，管理者的控制权越高，其获得的薪酬水平也越高。国内学者卢锐等（2008）、吕长江、赵宇恒（2008）、吴育辉和吴世农（2010）。权小锋等（2010）及方军雄（2011）等的研究都证实了在我国上市公司中，存在管理者利用权力进行“寻租”、影响管理者薪酬激励的现象。可见，国内外学者对管理者权力的研究尚主要停留在对高管薪酬现象的解释，然而，现实中，权力强大的管理层除了通过影响薪酬契约实现自身私利以外，在公司的具体经营决策上也具有绝对权力（权小锋、吴世农，2010）。刘星等（2011）证实了高管控制权对公司资本投资及多元化经营决策具有影响，高管控制权越强，公司进行过度投资及多元化扩张的行为越严重；然而权力强大的管理者实施的资本扩张行为是以损害公司总体价值为代价而对私人收益的追逐，增加了公司陷入财务困境的可能性。杨兴全等（2012）研究表明管理层权力对公司现金持有决策产生重要影响，管理层权力越大，公司现金持有量越高，但权力强大的管理层主要将公司所持有的高额现金通过过度投资行为来谋求私人利益，从而对公司价值产生负面影响。可见，由于管理者与股东代理冲突的存在，公司的经营决策在很大程度上源于管理者的利益动机而非股东价值最大化的考虑。通过实施并购行为，能够使公司规模得到迅速扩大，使管理者控制更多的资源，为管理者追求私人收益提供了源泉。基于自身报酬、机会成本补偿及职业稳固等私人利益的考虑，管理者具有强烈的通过并购扩大公司规模的动机，而较强的管理者权力使得管理者的这种自利动机成为可能。Bliss 等（2001）对银行并购中 CEO 薪酬激励的研究发现，在并购银行的累计超额收益为负的情况下，其 CEO 的薪酬水平在并购后仍然实现了净增长；此外，CEO 的薪酬结构显著影响并购银行的并购动机，随着股权性薪酬比重的增大，CEO 实施并购的可能性降低。Grinstein 和 Hribar（2004）研究指出权力较大的 CEO 实施大规模并购行为的动机更强，大规模并购行为有利于 CEO 获得高额薪酬，但 CEO 权力推动下的企业并购具有负面的市场反应。因此，较强的管理者权力使得管理者私利推动下的并购决策成为可能，但是这种并购活动可能以损害股东利益为代价。

在国有控制公司和非国有控制公司中，管理者权力影响公司并购绩效的程度可能不同。首先，从公司内部股东对管理者的监督和约束角度来讲，国有控制公司中，国有股东并不是国有企业真正的所有者，而作为国有企业真正所有者的国家又无法人格化，因此造成事实上的“所有者缺位”，并且政府控制公司受到政府干预的程度较高，终极控制人对中小股东利益的侵占动机越强；我国的非国有控制公司多由家族控制，控股股东具有积极参与公司事务的能力和动机，能够对公司经营施加重大影响，因而对管理者权力能够形成一定的监督与制约。其次，从公司外部治理环境的监管来说，监管力量和法律约束难以限制政府权力（夏立军、方铁强，2005）。最后，从管理者薪酬激励与约束契约来说，非国有企业实施的是基于自由市场量身定做的薪酬契约，而政府对国有企业管理者的薪酬实施的是薪酬管制，制定整齐划一的薪酬契约无法与非国有企业的薪酬激励效应相比（陈冬华等，2005），致使国有企业管理者的货币薪酬普遍偏低，催生了管理者利用权力进行利益“寻租”的需求。国有产权的特殊性弱化了股东对管理者行为进行监督的动机与能力。因此，国有企业管理者利用权力实施并购决策以获取私仅收益的动机可能更强烈。

基于以上分析，提出本章第一个假设：

假设1：管理者权力与并购绩效负相关；且在国有控制公司中，管理者权力对并购绩效的负面影响更加显著。

管理者权力对公司并购绩效的影响依赖于其所处的外部治理环境，我国作为一个新兴的转型经济国家，市场化改革整体取得较大的成功，然而在整体推进的过程中，由于各地区资源禀赋及地理位置的不同，加之中央政府对各地区的差异化政策，市场化发展程度在各地区之间呈现不平衡性。在市场化程度较高的地区，政府干预及其公共治理目标较少，市场竞争程度增强，公司业绩能够更加准确地反映公司经营的实际信息，市场信息能够更加准确地反映出管理者利用权力进行的低效甚至无效并购，来自破产、重组等市场机制的威胁会迫使管理者更加关注公司的经营绩效，管理者利用权力通过无效并购追求私利的行为得到一定程度的抑制。此外，伴随市场化程度的提高，法律环境更加完善，监管体系不断健全，信息不对称程度降低，各项公司治理机制能够更好地发挥作用。同时，市场化进程发展较快地区，较高的法治水平为各项监督管理规定的高效执行提供了保障，良好的法律监管机制加上较高的执行效率能够对管理者利用权力进行“寻租”的行为起到一定的制约作用。然而，在转型经济过程中，国有企业由于仍存在信息、承诺和预算软约束等问题，同时承担了诸如就业、社会稳定、养老等政策性目标（Lin 等，1998），以及在对国企管理者进行评价激励标准中非市场因素的存在，这些因素往往阻碍市场化改革的发展。与非国有企业相比，在制约管理者利用权力进行无效并购方面，市场化作用的发挥在国有企业中受到更多的制约。

基于以上分析，提出本章第二个假设：

假设2：市场化进程能够抑制管理者权力对并购绩效的负面影响，但公司的国有控制性质会弱化市场化进程的这种抑制作用。

9.2 研究设计

9.2.1 样本选择与数据来源

本章的样本来源于CSMAR并购重组数据库中2007～2010年发生的所有涉

及上市公司的股权收购、资产收购以及直接吸收合并事件，共计3756起。根据研究需要，我们在第4章的筛选样本基础上又进行了再次筛选，剔除市场化进程、管理者权力以及相关财务数据缺失的样本，经筛选，最终选取了938起并购事件作为并购绩效研究的有效样本。

市场化进程指数是来自樊纲等的《中国市场化指数——各地区市场化相对进程2011年报告》，基于本章的研究角度，我们主要选取市场化指数、法治水平指数以及政府干预指数作为市场化进程的替代变量。管理者权力部分原始数据从新浪财经和金融界网站上的公司年报中手工查询。本章所使用的其他财务数据主要来源于深圳市国泰安信息技术有限公司开发的CSMAR系列研究数据库系统和由北京大学中国经济研究中心和北京色诺芬公司联合开发的CCER中国经济金融数据库系统。本章的计算过程全部利用Excel和Stata10.0统计软件完成。

9.2.2 模型构建与变量定义

9.2.2.1 模型构建

首先，为了检验样本公司管理者权力对并购绩效的影响，本章在参考借鉴国内外相关长期市场绩效影响因素的文献基础上构建了模型1，如果Power的回归系数显著为负，则表明管理者权力与公司并购绩效显著负相关。

$$BHAR = \alpha_0 + \alpha_1 Power + \alpha_2 Amount + \alpha_3 Age + \alpha_4 EPS + \alpha_5 Size + \alpha_6 Clev + \sum Year + \sum Ind + \varepsilon \quad (1)$$

其次，为了进一步检验管理者权力对公司并购绩效的影响在不同所有权性质企业中的差异，我们还将总样本划分为国有控制和非国有控制两个子样本进行回归。

再次，为了检验市场化进程、管理者权力与公司并购绩效之间的关系，我们分别引入了市场化进程指数Index及其交互变量Index × Power构建了模型2，如果模型2中Index × Power的回归系数显著为正，则表明市场化进程的推进能够抑制管理者权力对公司并购绩效的负面影响。

$$BHAR = \alpha_0 + \alpha_1 Power + \alpha_2 Index + \alpha_3 Index \times Power + \alpha_4 Amount + \alpha_5 Age + \alpha_6 EPS + \alpha_7 Size + \alpha_8 Clev + \sum Year + \sum Ind + \varepsilon \quad (2)$$

最后，为了检验市场化进程通过抑制管理者权力对并购绩效的负面影响而发挥的作用是否受国有控制性质的影响，我们又引入交互变量Index × Power × State构建了模型3。

$$
\begin{aligned}
BHAR = {} & \alpha_0 + \alpha_1 Power + \alpha_2 State + \alpha_3 Index + \alpha_4 Index \times Power + \\
& \alpha_5 Index \times Power \times State + \alpha_6 Amount\ t + \alpha_7 Age + \alpha_8 EPS + \\
& \alpha_9 Size + \alpha_{10} Clev + \sum Year + \sum Ind + \varepsilon \qquad (3)
\end{aligned}
$$

9.2.2.2　变量定义

上述模型中的 BHAR 是并购事件公告后 1 ~2 年的收购公司的股票收益率超过市场组合或对应组合收益率的大小，即长期持有超额收益（BHAR），具体定义及计算如前所述。

Finkelstein（1992）则将权力定义为 CEO 可通过并购决策展示个人意志的能力，并将管理层权力划分为声望权、专家权、所有权和结构权四个维度。权小锋等（2010）参考 Finkelstein 的权力模型，选取相应指标分别采用主成分分析方法和算术平均值方法合成两个 CEO 权力综合指标。本章在综合已有文献的基础上，借鉴 Finkelstein（1992）的权力模型和权小锋等（2010）的思路，用两职兼任情况和董事会规模代表结构权力；管理者高级职称和任职时间代表专家权力；管理者高学历和兼职代表声望权力；管理者持股和公司股权分散作为所有制权力，具体从以下八个方面刻画管理者权力的强弱：

（1）两职兼任情况。董事长和总经理两职合一时，取值为 1；否则为 0。

（2）董事会规模。若董事会规模超过行业中位数，取值为 1；否则为 0。

（3）管理者是否具有高级职称。若管理者具有高级职称，取值为 1；否则为 0。

（4）管理者任职时间。若管理者任期超过行业中位数时，取值为 1；否则为 0。

（5）管理者是否具有高学历。若管理者具有硕士研究生及以上学历，取值为 1；否则为 0。

（6）管理者是否在外兼职。若管理者在其他单位任职，取值为 1；否则取值为 0。

（7）管理者是否持有本公司股份。若管理者持有本公司股份，取值为 1；否则取值为 0。

（8）是否为股权分散公司。若第一大股东持股比例除以第二至十大股东持股比例之和小于 1，取值为 1；否则取值为 0。

我们对以上八个指标使用主成分分析方法，选择特征根大于 1 的前四个主成分构造管理者权力综合得分，作为本章的管理者权力变量 Power。

模型中具体变量的定义见表 9 -1。

表 9－1　主要变量定义与说明

变量名称	变量代码	变量说明
并购绩效	$BHAR_{12}$	并购后一年长期持有超额收益
	$BHAR_{24}$	并购后两年长期持有超额收益
管理者权力	Power	管理者权力综合得分，得分越大，表示管理者权力越强
市场化进程指数	Index	Mar 为市场化指数，数值越大，表示市场化程度越高
		Law 为法治水平指数，数值越大，表示法制化水平越高
		Gov 为政府干预水平指数，数值越大，表示政府干预水平越低
国有控制性质	State	当公司终级控制人为政府时 State = 1，否则为 0
并购规模	Amount	交易总价/并购前一年期末总资产
公司年龄	Age	并购方上市至并购的年限的自然对数值
每股盈余	EPS	并购前一年末并购方每股盈余（净利润/普通股总股数）
公司规模	Size	并购前一年年末并购方的总资产自然对数值
长期负债率	Clev	并购前一年年末并购方长期负债与总资产比率
年度控制变量	Year	年度控制性哑变量
行业控制变量	Ind	行业控制哑变量

9.3　实证结果与分析

9.3.1　主要变量的描述性统计与分析

为了消除极端值的影响，我们对处于 0～1% 和 99%～100% 的极端值样本进行了 Winsorize 处理。表 9－2 列出了主要变量的描述性统计。从表 9－2 中我们可以看出，并购后 1～2 年的市场绩效（BHAR）的均值与中位数都小于零，这说明并购并未给收购公司股东创造财富。从管理者权力指标（Power）来看，最小值为 －0.542，最大值为 0.8932，均值为 －0.0018，说明收购公司的管理者权力确实存在较大的差异。在市场化进程指数中，Mar、Law 与 Gov 的最大值分别为 13.88、22.3933 和 11.2567，最小值分别为 4.64、2.79 和 1.79，而均值分别为 9.3663、9.5888 及 9.3889，这充分说明我国地区间的市场化程度、法治水平以及政府干预水平的分布极不平衡，各地区的上市公司面

临的市场环境差异较大。

表 9-2 主要变量的描述性统计

变量	样本数	均值	中位数	标准差	最小值	最大值
$BHAR_{24}$	815	-0.0223	-0.1751	0.7202	-2.5409	11.4934
$BHAR_{12}$	938	-0.0062	-0.0853	0.5741	-1.6667	4.9395
Power	938	-0.0018	-0.0032	0.3061	-0.542	0.8932
Mar	938	9.3663	9.4500	2.1820	4.6400	13.8800
Law	938	9.5888	8.1200	4.7307	2.7900	22.3933
Gov	938	9.3899	9.65	1.279	1.79	11.2567
State	938	0.5849	1.0000	0.4864	0	1.0000
Amount	938	0.1491	0.0211	0.5233	0.0003	4.1725
Age	938	1.8646	2.1972	0.8328	0	2.8904
EPS	938	0.3604	0.288	0.4898	-3.54	5.89
Size	938	21.5014	21.3534	1.2052	18.0716	27.6251
Clev	938	0.0814	0.0355	0.1082	0	0.4784

为了进一步描述 BHAR 与主要变量之间的关系，我们还按照主要变量分组对 BHAR 进行了相关统计量的检验。表 9-3 是 BHAR 的组间比较检验结果。从表 9-3 的结果我们发现，无论是并购后一年还是并购后两年，管理者权力较强的子样本的 BHAR 都明显低于管理者权力较弱的子样本的 BHAR，说明管理者权力对公司长期并购绩效有负面影响。总之，分组检验的结果基本与我们的研究假设相一致。

表 9-3 BHAR 的组间比较

$BHAR_{24}$					
	样本数	均值	T 值	中位数	Z 值
Power ≥中位数	442	-0.0855	2.973***	-0.2401	-4.223***
Power <中位数	373	0.0614		-0.1207	
$BHAR_{12}$					
Power ≥中位数	489	-0.0108	-2.173**	-0.1455	-3.451***
Power <中位数	449	-0.0017		-0.0433	

注：①平均值的检验方法是 T 检验，中位数的检验方法是 Wilcoxon 秩和检验；②***、**、*分别表示 1%、5%、10% 的水平上显著。

9.3.2 多元回归结果和分析

9.3.2.1 管理者权力与公司并购绩效的检验

表9－4是收购公司管理者权力与并购后一年及并购后两年的绩效检验结果。同时，我们按照终极控制股东的产权性质不同，将全样本分为国有控制与非国有控制两个子样本来分别进行回归。从结果看到，无论是并购后一年还是并购后两年，全样本和国有控制样本中的Power系数都为负，并且分别在1%和5%的水平上显著；但在非国有控制样本中，Power的系数虽然也为负，但均不显著，这说明管理者权力与并购绩效负相关，并且在国有控制公司中，这种负面影响更加显著，假设1得到验证。也就是说，管理者权力越大，实施自利性并购的动机越强且并购绩效越差；而且在国有控制企业，管理者利用权力实施并购决策以获取私有收益的动机可能更强烈。

表9－4 管理者权力与公司并购绩效的检验结果

变量	全样本		国有控制样本		非国有控制样本	
	$BHAR_{24}$	$BHAR_{12}$	$BHAR_{24}$	$BHAR_{12}$	$BHAR_{24}$	$BHAR_{12}$
Power	-0.1858***	-0.0645**	-0.2916***	-0.1388**	-0.0757	-0.0686
	(-3.1533)	(-2.3647)	(-4.9024)	(-2.2365)	(-1.0482)	(-1.1005)
Amount	0.1907***	0.1140***	0.3196***	0.1623***	0.0754**	0.0731
	(3.7975)	(4.0234)	(2.8896)	(7.7603)	(2.0354)	(1.5652)
Age	-0.0637**	0.0144	-0.0742**	-0.0169	-0.0596	0.0513
	(-2.5172)	-0.9372	(-2.4056)	(-0.7613)	(-1.0621)	-1.1609
EPS	0.1549***	0.1003***	0.2527***	0.1258***	0.0002	0.0489
	5.5752	7.2207	4.8615	4.6938	0.0049	1.4576
Size	-0.1326***	-0.0702***	-0.1322***	-0.0666***	-0.1202***	-0.0655***
	(-14.0045)	(-5.8807)	(-10.6665)	(-8.2241)	(-5.4522)	(-2.7202)
Clev	-0.1690*	0.0494	-0.1146***	0.0206	-0.166	-0.151
	(-1.7023)	-0.7643	(-3.7395)	-0.1629	(-0.9001)	-0.3703
cons	2.8385***	1.3869***	2.7855***	1.3346***	2.6752***	1.2799***
	12.3318	5.3155	8.2657	5.9561	5.2149	2.7103
Year	控制	控制	控制	控制	控制	控制
Ind	控制	控制	控制	控制	控制	控制
N	815	938	475	556	330	382

续表

变量	全样本		国有控制样本		非国有控制样本	
	$BHAR_{24}$	$BHAR_{12}$	$BHAR_{24}$	$BHAR_{12}$	$BHAR_{24}$	$BHAR_{12}$
Adj_ R^2	0.0755	0.0624	0.144	0.1338	0.0251	0.0294
F值	17.509	16.72	38.69	36.19	10.933	9.299

注：***、**、*分别表示1%、5%、10%的水平上显著。

9.3.2.2 市场化进程、管理者权力与公司并购绩效的检验

表9-5是收购公司市场化进程、管理者权力与并购绩效全样本回归检验的结果。从结果发现，选择$BHAR_{24}$作为并购绩效变量时，模型1、模型2以及模型3中的Mar×Power、Law×Power以及Gov×Power的系数均在1%的水平上显著为正；选择$BHAR_{12}$作为并购绩效变量时，模型4、模型5以及模型6中的Mar×Power、Law×Power的系数在10%的水平上显著为正，而Gov×Power的系数为正，但不显著。这说明市场化水平、法治水平以及政府干预水平的改善能够抑制管理者权力对公司并购绩效的负面影响。也就是说，随着市场化进程的推进，管理者利用权力进行的“寻租”行为得到了一定程度的制约。

表9-5 市场化进程、管理者权力与公司并购绩效的检验结果

变量	$BHAR_{24}$			$BHAR_{12}$		
	模型1	模型2	模型3	模型4	模型5	模型6
Power	-1.1933*** (-3.0727)	-0.7294*** (-3.6467)	-2.0640*** (-3.5389)	-0.440 (-1.5224)	-0.2546* (-1.7372)	-0.8203* (-1.8341)
Mar	0.0309** (2.2588)			-0.00550 (-0.5797)		
Mar×Power	0.1044*** (2.5836)			0.0581* (1.8918)		
Law		0.0127* (1.7570)			-0.00290 (-0.6802)	
Law×Power		0.0949*** (2.8717)			0.0381* (1.7529)	
Gov			0.0374 (1.6067)			-0.00300 (-0.7080)

续表

变量	$BHAR_{24}$			$BHAR_{12}$		
	模型1	模型2	模型3	模型4	模型5	模型6
Gov × Power			0.1982*** (3.2091)			0.0290 (1.4821)
Amount	0.1984*** (3.7970)	0.2005*** (3.8403)	0.1832*** (3.4990)	0.1168*** (3.0951)	0.1169*** (3.0997)	0.1179*** (3.1267)
Age	-0.0525 (-1.5162)	-0.0459 (-1.3275)	-0.0495 (-1.4392)	-0.0102 (-0.3982)	-0.00830 (-0.3257)	-0.00890 (-0.3485)
EPS	0.1609*** (2.8219)	0.1655*** (2.8993)	0.1590*** (2.8008)	0.1044** (2.4334)	0.1053** (2.4534)	0.1028** (2.3976)
Size	-0.1100*** (-4.6133)	-0.1137*** (-4.7880)	-0.1110*** (-4.7087)	-0.0660*** (-3.6286)	-0.0665*** (-3.6728)	-0.0652*** (-3.5996)
Clev	-0.326 (-1.2400)	-0.311 (-1.1849)	-0.353 (-1.3527)	-0.0134 (-0.0674)	-0.0145 (-0.0729)	-0.0358 (-0.1790)
cons	2.6248*** (5.2506)	2.5259*** (5.0764)	2.9901*** (5.7465)	1.3996*** (3.6814)	1.3835*** (3.6566)	1.3605*** (3.5963)
Year	控制	控制	控制	控制	控制	控制
Ind	控制	控制	控制	控制	控制	控制
N	815	815	815	938	938	938
Adj_ R^2	0.103	0.104	0.111	0.0482	0.0411	0.0494
F值	16.621	16.802	16.653	8.829	9.348	8.924

注：***、**、*分别表示1%、5%、10%的水平上显著。

表9-6是基于终极控制人产权性质对市场化进程、管理者权力与并购绩效进一步检验的结果。基于稳健性的考虑，我们仍然选择了并购后一年及并购后两年的绩效做进一步的分析。从结果发现，模型1和模型3中Mar × Powe × State的系数在10%的水平上显著为负；模型2和模型4中Mar × Powe × State的系数也在10%的水平上显著为负；而模型3和模型6中Gov × Powe × State的系数为负，但不显著。这说明市场化进程虽然能够抑制管理者权力对并购绩效的负面影响，但国有控制的性质会弱化市场化进程的这种作用。也就是说，与非国有企业相比，在制约管理者利用权力进行无效并购方面，市场化作用的发挥在国有企业中受到更多的约束。综上所述，假设2得到验证。

表9-6 基于产权性质的进一步检验结果

变量	$BHAR_{24}$			$BHAR_{12}$		
	模型1	模型2	模型3	模型4	模型5	模型6
Power	-1.1256*** (-2.8588)	-0.7031*** (-3.4793)	-2.0275*** (-3.4317)	-0.4915* (-1.6740)	-0.2727* (-1.8450)	-0.9637** (-2.0995)
State	-0.0662** (-2.3697)	-0.0628** (-2.3096)	-0.0773** (-2.3714)	-0.0571** (-2.3307)	-0.0568** (-2.3277)	-0.0607** (-2.4094)
Mar	0.0327** (2.0848)			-0.00730 (-0.7618)		
Mar × Power	0.1061*** (2.6192)			0.0362 (1.2264)		
Mar × Power × State	-0.0649* (-1.8289)			-0.0249* (-1.8218)		
Law		0.0134* (1.7632)			-0.00380 (-0.8744)	
Law × Power		0.0875*** (2.8771)			0.0229 (0.9246)	
Law × Power × State		-0.0188* (-1.7371)			-0.0171* (-1.7905)	
Gov			0.0704 (1.4302)			-0.0154 (-0.9751)
Gov × Power			0.2016*** (3.2629)			0.0163 (0.8818)
Gov × Power × State			-0.0114 (-1.5215)			-0.0157 (-1.1455)
Amount	0.1958*** (3.7422)	0.1990*** (3.8073)	0.1807*** (3.4495)	0.1174*** (3.1116)	0.1168*** (3.0978)	0.1159*** (3.0566)
Age	-0.0510 (-1.4345)	-0.0426 (-1.2001)	-0.0458 (-1.2967)	-0.000100 (-0.0029)	0.00220 (0.0860)	0.000900 (0.0348)

续表

变量	$BHAR_{24}$			$BHAR_{12}$		
	模型 1	模型 2	模型 3	模型 4	模型 5	模型 6
EPS	0.1613***	0.1642***	0.1582***	0.0967**	0.0976**	0.0949**
	(2.8158)	(2.8663)	(2.7731)	(2.2432)	(2.2651)	(2.2020)
Size	-0.1026***	-0.1063***	-0.1021***	-0.0571***	-0.0578***	-0.0564***
	(-4.0873)	(-4.2555)	(-4.1169)	(-2.9859)	(-3.0445)	(-2.9764)
Clev	-0.320	-0.304	-0.341	-0.00280	-0.00170	-0.0228
	(-1.2171)	(-1.1580)	(-1.3081)	(-0.0139)	(-0.0084)	(-0.1148)
cons	2.5232***	2.4074***	2.8689***	1.2410***	1.2202***	1.3058***
	(4.8757)	(4.6602)	(5.3728)	(3.1605)	(3.1174)	(3.2068)
Year	控制	控制	控制	控制	控制	控制
Ind	控制	控制	控制	控制	控制	控制
N	815	815	815	938	938	938
Adj_ R^2	0.106	0.106	0.114	0.0512	0.0520	0.0531
F 值	17.365	17.338	17.994	9.444	9.500	9.574

注：***、**、*分别表示 1%、5%、10% 的水平上显著。

9.3.3 稳健性检验

为验证本章上述研究结果的稳健性，我们分别进行了如下稳健性检验：

（1）我们仍然选择本章前述的八个指标来衡量管理者权力，并对八个指标值求平均值作为管理者权力的替代变量，然后再将此变量带入到相关模型中进行回归，检验结果未有明显不同。

（2）对于收购公司预期收益率（ER_{it}），我们按照李增泉等的做法，采用规模参照组的方法计算，即在每个月末，把市场上所有的上市公司按照流通市值排序并等分成 10 组，每一家公司所在组的平均投资收益即为该公司该月对应的预期收益率，将这样计算出来的 BHAR 带入到相关模型中进行回归，结果仍然支持本章假设。

（3）为了加强检验结果的稳健性，我们进一步将全部样本根据市场化程度、法治化水平以及政府干预水平分为高低两个组，然后将上述的相关检验重新进行分组回归，结果仍然支持本章假设。

（4）为了进一步净化并购事件期，我们将样本中进行了多次并购的公司全部剔除，然后重新计算BHAR并进行回归，结果仍然支持本章假设。

限于篇幅的影响，稳健性检验结果没有全部列示。

9.4 结　论

在信息不对称情况下，作为自利的管理层，具有为获取私人收益而采取损害股东利益行为的动机，而管理层权力成为实现其动机的主要决定因素。公司的并购决策深受信息和代理问题的重要影响，而信息不对称与代理问题的程度又与一个国家特定的制度背景相关。基于此，本章以2007～2010年我国上市公司的股权收购、资产收购以及直接吸收合并等扩张性并购事件为研究样本，并结合我国各地区市场化进程发展的不平衡性与上市公司终极控制人不同的产权性质背景，对市场化进程、管理者权力与公司并购绩效的关系进行了实证研究。研究发现，管理者权力显著降低了并购绩效，而与非国有企业相比，终极控制人为国有的企业中，管理者权力对并购绩效的负面影响更加显著；市场化进程能够抑制管理者权力对并购绩效的负面影响，但公司的国有控制性质会弱化市场化进程的这种抑制作用。本章的研究结果从公司并购视角发现了管理者利用其权力进行寻租的证据；同时将宏观层面的市场化进程与微观层面管理层权力所反映的代理冲突相结合对上市公司并购行为进行研究，拓展和补充了相关文献。

本章的政策启示在于：①在我国制度转型和公司治理弱化的环境下，管理层权力导致的代理冲突仍是目前公司治理的主要问题，故应不断完善公司内部治理机制，对管理层权力形成有效的监督约束，避免其权力滥用导致的无效并购；②市场化进程的推进及外部治理环境的不断改善必然对管理层权力形成一定的制衡，因此，我们在强化公司内部治理机制、协调管理者与股东利益的同时，还应积极推进各地区的市场化进程，切实提高市场化进程的“基础性”治理效应。此外，由于市场化进程的治理效应还受到公司国有控制性质的影响，所以市场化进程的推进还要与降低公司政府控制程度的产权改革共同进行，只有这样，才能更有效地提升公司并购绩效。

第 10 章　研究结论与展望

10.1　研究结论

公司并购及绩效的研究一直是公司财务和金融领域的热点和难点，国内外学者们不遗余力的研究虽然成果斐然，但各方见解并不一致，尤其是对于新兴资本市场的研究，频频出现理论框架与经验材料的无法调和，这使新兴资本市场并购及绩效问题的研究成为公司并购研究领域内的一个重大课题，本书借鉴国内外已有研究成果，结合我国当前的制度背景，利用相关上市公司的公开数据，从终极控制人的角度对我国上市公司并购绩效的问题进行了分析和检验。最终形成的主要研究结论如下：

第一，终极控制人与中小股东的利益冲突是现阶段我国上市公司治理的主要矛盾。基于此，我们以 2007 ~2010 年我国上市公司的扩张性并购事件为研究样本，实证检验了收购方并购后 1 ~2 年内的并购绩效以及终极控制人的现金流权和两权分离对公司并购绩效的影响。研究结果发现，大部分的收购公司在发生并购后的 1 ~2 年内长期市场绩效都有所下降。总体来说，并购给收购公司的股东带来了财富损失；终极控制人的现金流权是具有“激励效应”的，但随着两权分离程度增大，终极控制人通过并购投资攫取中小股东的行为越严重，并购绩效也就越差，而且这种现象在高自由现金流和低成长性以及非政府控制的上市公司中更加显著。

第二，我国的证券市场脱胎于转轨经济，上市公司大部分由国有企业改制而来，政府的动机与上市公司的国有产权性质将对上市公司产生重要影响，而作为公司极为重要的战略决策——并购投资活动，很可能受到政府行为的影响，这往往不是信息不对称理论与代理理论所能解释的。基于此，我们检验终极控制人的产权性质以及政府控制级层对公司并购绩效的影响，并同时考察金字塔结构是否可以保护公司的投资行为免受政府干预。结果发现，政府控制的上市公司，尤其是地方政府控制的上市公司，存在着因政府干预而导致的无效并购行为；金字塔结构能够抑制政府干预对并购绩效的负面影响，而这种作用也是在地方政府控制的企业中表现得更加明显，而对于中央政府控制与非政府控制的公司，没有证据表明政府干预影响并购绩效，因而金字塔的保护效应也不明显。

第三，并购动因决定并购行为，而并购行为又影响并购绩效。不论是大股东出于掏空的动机，还是地方政府出于掠夺的动机，他们常常都会通过并购扩张行为进行利益侵占，从而造成公司并购绩效的恶化。但是这中间的影响机制如何呢？基于此，我们检验终极控制人的两权分离以及政府控制性质对不同并购模式选择的影响，并在此基础上进一步检验这种选择结果对并购绩效的影响，从而考察终极控制人影响并购绩效的作用机制。研究结果发现，终极控制人的现金流权与控制权的分离程度越大，公司越容易进行多元化并购。进一步还发现，多元化并购的绩效明显低于同业并购的绩效，并且这种现象在非政府控制的公司更明显；地方政府控制的公司更趋向于同区域并购，而且同区域并购的绩效也低于异地并购。这说明终极控制人的两权分离主要是通过多元化并购这种传导机制对中小股东进行掏空与侵占，从而引起并购绩效的恶化的，并且这种传导机制对于不同产权性质的终极控制人存在差异；地方政府控制的企业由于受到政府干预而更多地选择同区域并购，这常常是政府掠夺的重要途径，所以同样带来了并购绩效的下降。

第四，公司的并购决策深受信息和代理问题的重要影响，而信息不对称与代理问题的程度又与一个国家特定的制度背景相关，公司的并购很大程度上内生于其所处的制度背景。我国作为转轨经济背景下的弱法制环境国家，当前在着力整体推进市场化进程的同时，还存在着地区间的不平衡。基于此，我们结合我国各地区市场化进程发展的不平衡性与上市公司终极人控制的制度背景，对市场化进程、终极人控制与公司并购绩效的关系进行了实证研究。研究结果发现，市场化进程与公司并购绩效正相关，而市场化环境的改善缓解了终极控制人与中小股东的代理冲突，从而抑制两权分离对公司并购绩效带来的负面影响；终极控制人的政府控制属性会弱化市场化进程对公司并购绩效的治理效应，这在地方政府控制的上市公司中表现得更加明显；以地方政府为终极控制人的公司，金字塔层级与公司并购绩效正相关，但随着市场化进程的推进，金字塔层级的这种保护效用会减弱。

第五，在信息不对称情况下，作为自利的管理层，具有为获取私人收益而采取损害股东利益行为的动机，而管理层权力成为实现其动机的主要决定因素。基于此，我们结合我国各地区市场化进程发展的不平衡性与上市公司终极控制人不同的产权性质背景，对市场化进程、管理者权力与公司并购绩效的关系进行了实证研究。研究发现，管理者权力显著降低了并购绩效，而与非国有企业相比，终极控制人为国家的企业中，管理者权力对并购绩效的负面影响更加显著；市场化进程能够抑制管理者权力对并购绩效的负面影响，但公司的国有控制性质会弱化市场化进程的这种抑制作用。

10.2 启示与建议

通过本书的研究，我们主要得出以下几点启示：

第一，以股权结构为逻辑起点的公司代理问题是影响中国上市公司并购绩效的重要因素，经过分析和检验，我们发现了终极控制人通过并购扩张行为对中小股东进行利益侵占的证据。因此，要优化公司的并购投资行为，提高公司并购绩效，必须考虑现阶段我国上市公司内部的代理问题。也就是说，我们要进一步改变上市公司股权集中及“一股独大”的所有权结构，发挥股权制衡的作用，从而强化公司内部治理机制；同时，还应加强对（家族）控制性大股东的监管，防止（家族）控制性大股东形成更大程度的两权分离。

第二，完全用发达资本主义国家的并购理论来解释处于市场经济还不够健全、整体社会经济处于转轨经济中的中国企业的并购行为，很显然是缺乏解释力和说服力的。我们通过分析政府控制属性、政府控制层级以及金字塔级层与并购绩效的关系，发现了在新兴市场国家中，由于政府干预导致了政府掠夺存在的直接证据；同时也发现，金字塔股权结构在法律保护水平较弱的环境下并不意味着股东的控制权私利，它可能更多地表现为是法律环境的一种替代机制，保护公司的投资免受政府干预。因此，我们应加快企业并购由政府及其政策推动为主向以市场推动为主的方向转变，并且应加快法制建设，切实提高投资者的法律保护程度；进一步加快政治体制改革，实现政企分离，不断减少政府对企业行为的干预。

第三，并购行为或模式在某种程度上代表了并购动因对并购绩效的影响机理或路径。经过分析和检验我们发现，非政府控制企业的终极控制人以盲目的多元化扩张作为传导机制，最终导致并购绩效恶化的后果；同时，地方政府以同区域并购扩张作为传导机制，同样导致其控制的企业并购绩效下降。所以，我们应大力完善与健全资本市场的监管机制，并对终极控制人两权偏离度较大公司的并购行为重点监控，从而提高监管效率；同时应减少地方政府直接控制企业，对企业产权结构进一步优化；并努力打破地区经济的封锁，有效防止地方政府在公司并购中的过度干预，最大限度促进并购的市场化运作。

第四，市场环境的改善不仅能够缓解终极控制人与中小股东的代理冲突，而且也能对管理层权力形成一定的制衡，但终极控制人的政府控制属性会弱化这种治理效应。因此，我们要优化公司的并购投资行为，提高公司并购绩效，不仅要考虑公司内部的代理问题，还应关注公司外部的治理环境。也就是说，我们在通过公司内部治理机制、协调终极控制人与中小股东利益的同时，还应积极推进各地区市场化进程，加大中小投资者的法律保护力度，切实为企业营造一个规范、公平的竞争环境。此外，市场化环境的改善还要与降低公司政府控制程度的产权改革共同推进，并且应进一步加快政企分离，减少政府对企业行为的干预，只有这样才能更有效地提升公司并购绩效。

10.3　研究局限与展望

由于受篇幅、时间以及笔者研究水平的限制，本书仍有许多相关的问题没有展开充分的论证或没有来得及探讨；与此同时，本书在实证研究的方法及应用中可能还存在一定的不足，这有待于在以后的研究中逐步改进和完善。主要体现在：

第一，在实证研究中，由于受到研究目的和研究方法的限制，本书只筛选出 2007～2010 年发生的 988 起并购事件作为研究样本，而且根据每章研究内容不同，最终的有效样本数还略有下降，没有以更大的样本检验本书所提出的各种研究假设，这在一定程度上可能影响检验结果的可靠性与有效性。因此，如何使我们的检验结果尽可能地少受样本选择性偏见的影响，这可能是我们未来研究中要思考的一个问题。

第二，由于数据来源的限制和时间方面的原因，我们对收购公司长期市场绩效的考察期只有 1～2 年，这对并购长期绩效及其影响因素的全面体现有一定的影响，而且仅仅对并购长期市场绩效进行了考察，无法直观地看到收购公司的长期经营绩效是否得到改善，只能从市场绩效的检验结果中间接考察。因此，如何更加全面地度量公司长期并购绩效，可能是将来研究一个重要方向。

第三，本章虽然从终极控制人的两权偏离度、产权性质、金字塔层级以及政府控制层几个方面分析和检验终极控制人特征对并购绩效的影响，但是我们的研究视角仅停留在终极控制人对公司并购绩效的消极影响上，而没有进一步考察终极控制人对并购的积极的、正面的影响和支持行为。因此，本书基于终极控制人视角的公司并购绩效的研究是不全面的。未来还可以进一步对以上方面进行研究。

第四，本书研究并购模式的选择与终极人控制对并购绩效的影响时，仅选择了并购的行业模式和区域模式进行分析，可能忽视了其他传导机制对并购绩效的影响，比如并购支付方式、并购关联属性模式等。将来，我们有必要拓宽这方面的研究，为终极人控制对并购绩效的影响机制的相关研究提供更深层次证据。

参考文献

［1］ Almeida H. V. , Wolfenzon D. A Theory of Pyramidal Ownership and Family Business Groups. The Journal of Finance, 2007 (61): 2637 -2680.

［2］ Allen F. , Qian J. , Qian M. Law, Finance, and Economic Growth in China. Journal of Financial Economics, 2005 (77) : 57 -116.

［3］ Arrow, K. J. Vertieal Integration and Communieation. Bell Journal of Economies, 1975 (6): 173 -183.

［4］ Andrade, G. , Mitchell, M. , Stafford, E. New Evidence and Perspectives on Merges ［J］ . J. Econ. Perspect, 2001, 15 (2): 103 -120.

［5］ Berger, P. , Ofek, E. Diversification' s Effect on Firm Value. Journal of Financial Economics, 1995 (37): 39 - 65.

［6］ Berger P. G. , Ofek E. Causes and Effects of Corporate Refocusing Programs. Review of Financial Studies, 1999 (12): 311 -345.

［7］ Bliss R. T. , Rosen R. J. The Relationship between Mergers and CEO Compensation in Large Banks. Federal Reserve Bank of Chicago Proceedings. 1999 (3): 516 -532.

［8］ Bris, A. and Cabolis, C. Corporate Governance Convergence by Contract: Evidence from Cross-border Mergers. Yale ICF Working Paper, 2002: 02 -32.

［9］ Bris, A. and Cabolis, C. The Value of Investor Protection: Firm Evidence from Cross-Border Mergers. Review of Financial Studies, 2008 (21): 605 -648.

［10］ Bae, K. H. , Kang, J. K. , Kim, J. M. Tunneling or Value Added? Evidence from Mergers by Korean Business Groups. The Journal of Finance, 2002 (57): 2695 -2740.

［11］ Bigelli, M. , Mengoli, S. Sub-optimal Acquisition Decisions under a Majority Shareholder System. Journal of Management and Governance, 2004 (8):

373 -405.

[12] Bruner, R. F. Does M&A pay? A Survey of Evidence for the Decision-maker. Journal of Applied Finance, 2002 (12): 48 -68.

[13] Ben-Amar, W., André, P. Separation of Ownership from Control and Acquiring Firm Performance: The Case of Family Ownership in Canada. Journal of Business Finance & Accounting, 2006 (33): 517 -543.

[14] Bozec, Y. and Laurin, C. Large Shareholder Entrenchment and Performance: Empirical Evidence from Canada. Journal of Business. Finance and Accounting, 2008 (1): 25 -49.

[15] Bradley M. Inter Firm Tender Offers and the Market for Corporate Control. Journal of Business, 1980: 345 -376.

[16] Berle, A. A & Means, G. C. The Modern and Private Property. New York: Macmillan, 1932.

[17] Bebchuk L. A. Efficient and Inefficient Sales of Corporate Control . The Quarterly Journal of Economics, 1994 (109): 957 -993

[18] Burkart M., Gromb D. and Panunzi F. Agency Conflicts in Public and Negotiated Transfers of Corporate Control . Journal of Finance, 2000, 55 (2): 647 -677.

[19] Bliss R. T., Rosen R. J. CEO Compensation and Bank Mergers. Journal of Financial Economics, 2001, 61 (1): 107 -138.

[20] Claessens, S., S. Djankov and H. P. Lang. The Separation of Ownership and Controlin East Asian Corporations. Journal of Financial Economics, 2000 (58): 81 -112.

[21] Claessens S., Fan J. P. H., Lang L. H. P. The Benefits and Costs of Group Affiliation: Evidence from East Asia. Emerging Markets Review, 2006 (7): 1 -26.

[22] Chari, A., Ouimet, P. and Tesar, L. Cross Border Mergers and Acquisitions in Emerging Markets: the Stock Market Valuation of Coporate Control. NBER Working Paper, 2004.

[23] Chatterjee S. Types of Synergy and Economic Value: The Impact of Acquisitions on Merging and Rival Firms. Strategic Management Journal, 1986 (7): 119 -139.

[24] Dennis Diane, John Mcconnell. International Corporate Governance.

Journal of Financial and Quantitative Analysis, 2003 (38): 1 - 36.

[25] DoddP. and R. Ruback. Tender Offers and Stockholder Returns: An Empirical Analysis. Journal of Financial Economics, 1997 (5): 351 -374.

[26] Dyck A. and Zingales L. Private Benefits of Control: An International Comparison. Journal of Finance, 2004 (59): 537 -600.

[27] Diane K. Denisand John J. McConnell Dennis Diane, John Mcconnell. International Corporate Governance. Journal of Financial and Quantitative Analysis, 2003 (3): 1 - 36.

[28] Du J., Dai Y. Ultimate Corporate Ownership Structures and Capital Structures: Evidence from East Asian Economies. Corporate Governance: An International Review, 2005 (13): 60 -71.

[29] Elgers P. T., Clark J. J. Merger Types and Shareholder Returns: Additional Evidence. Financial Management, 1980: 66 -72.

[30] Eckbo, E. and K. Thorburn. Gains to Bidder Firms Revisited: Domestic and Foreign Acquisitions in Canada. Joumal of Financial and Quantitative Analysis, 2000 (35): 1-25.

[31] Faccio, M., Larry., and L. Young. Dividends and Expropriation. American Economic Eview, 2001 (91): 54 -78

[32] Faccio M., Lang L. The Ultimate Ownership of Western European Corporations. Journal of Financial Economics, 2002 (65): 365 -395.

[33] Faccio, M., Stolin, D. Expropriation vs. Proportional Sharing in Corporate Acquisitions. Journal of Business, 2006 (79): 1413 -1444.

[34] Fan P. H. J., Wong T. J., Zhang T. The Emergence of Corporate Pyramids in China. Available at SSRN 686582, 2005.

[35] Frye T. Slapping the Grabbing Hand: Credible Commitment, State Capacity and Property Rights In Russia. Working Paper, 2003.

[36] Freund S., Prezas A., Vasudevan G. Operating Performance and Free Cash Flow of Asset Buyers. Financial Management, 2003 (32).

[37] Fuller, K., Netter, J., Stegemoller, M. What Do Returns to Acquiring Firms Tell Us? Evidence from That Make Many Acquisitions. Journal of Finance, 2002, 57 (4): 1763 -1794.

[38] Fama Eugene F., Kenneth French. The Cross-section of Expected Stock Returns. Journal of Finance, 1992 (47): 427 -466.

[39] Fama Eugene F. , Kenneth French. Common Risk Factors in Returns on Stocks and Bonds. Journal of Financial Economics, 1993 (33): 3 -56.

[40] Fan J. P. H. , Wong T. J. , Zhang T. Politically Connected CEOs, Corporate Governance, and Post-IPO Performance of China's Newly Partially Privatized firms. Journal of Financial Economics, 2007 (84): 330 -357.

[41] Franks, J. , R. Harris and S. Titman. The Postmerger Share-price Performance of Acquiring Firms. Journal of Financial Economics, 1991 (29): 81 -96.

[42] Grinstein Y. , Hribar P. CEO Compensation and Incentives: Evidence from M&A Bonuses. Journal of Financial Economics, 2004 (73): 119 -143.

[43] G. L. Delong. Stockholder Gains from Focusing Versus Diversi-fying Bank Mergers . Journal of Financial Economies, 2001 (2): 221 -252.

[44] Healy P. , K. Palepu, R. Ruback. Does Corporate Performance Improve After Mergers. Journal of Financial Economics, 1992 (31): 135 -175.

[45] Houston J. , C. James, and M. Ryngaert. Where Do Merger Gains Come from? Bank Mergers from the Perspective of Insiders and Outsiders . Journal of Financial Economics, 2001 (7): 285 -331.

[46] Holmen, M. , Knopf, J. D. Minority Shareholder Protections and the Private Benefits of Control for Swedish Mergers. Journal of Financial & Quantitative Analysis, 2004 (39): 167 -191.

[47] Hambrick D. C. , Finkelstein S. The Effects of Ownership Structure on Conditions at the Top: The Case of CEO Pay Raises. Strategic Management Journal, 1995, 16 (3): 175 -193.

[48] Hu A. , Kumar P. Managerial Entrenchment and Payout Policy. Journal of Financial and Quantitative Analysis, 2004, 39 (4): 759 -790.

[49] Jensen M. C. Agency Costs of Free Cash Flow, Corporate Finance and Takeover. American Economic Review, 1986 (76): 323 -329.

[50] Jensen, M. C. and R. S. Ruback. The Market for Corporate Control. Joumal of Financial Economics, 1983 (11): 5 -50.

[51] Jarrell G. , M. Bradley. The Economic Effects of Federal and State Regulations of Cash Tender Offer. Journal of Law and Economics, 1980 (23): 371 -407.

[52] Jens Hagendorff, Kevin Keasey. Post-merger Strategy and Performance: Evidence from the US and European Banking Industries. Accounting & Finance, 2009 (4): 725 -751.

[53] Jensen M. C. , Murphy K. J. Corporate Takeovers, Firm Performance, and Board Composition. Journal of Corporate Finance, 1990, 1: 383 -412.

[54] Johnson S. , La Porta R. , Lopez & de & Silanes F. , et al. Tunneling. American Economic Review, 2000 (90): 22 -27.

[55] Klein B. , Crawford R. and Alchian A. , Vertical Integration, Appropriable Rents, and the Competitive Contracting Process . Journal of Low and Economics, 1978 (10): 297 -326.

[56] Khanna T. , Palepu K. Is Group Affiliation Profitable in Emerging Markets? An Analysis of Diversified Indian Business Groups. The Journal of Finance, 2000 (55): 867 -891.

[57] La Porta, R. , F. Lopez-de-Silanes and A. Shleifer. Corporate Ownership around the World. Journal of Finance, 1999 (54): 471 -518.

[58] La Porta, R. , Lopez-de-Silanes, F. , Shleifer, A. and Vishny, R. Legal Determinants of External Finance. Journal of Finance, 1997 (52): 1131 1150.

[59] La Porta, R. , Lopez-de-Silanes, F. , Shleifer, A. , and Vishny, R. Agency Problems and Dividend Policies around the World. Journal of Finance, 2000a (55): 1 -33.

[60] La Porta, R. , Lopez-de-Silanes, F. , Shleifer, A. and Vishny, R. Investor Protection and Corporate Governance. Journal of Financial Economics, 2000b (58): 3 -27.

[61] La Porta, R. , Lopez-de-Silanes, F. , Shleifer, A. and Vishny, R. Investor Protection And corporate Valuation. Journal of Finance, 2002 (57): 1147 -1170.

[62] Lang L. H. P. , Stulz R. M. , Walkling R. A. A Test of the Free Cash Flow Hypothesis: The Case of Bidder Returns. Journal of Financial Economics, 1991 (29): 315 -335.

[63] Lang L. H. P. , Stulz R. M. , Walkling R. A. Managerial Performance, Tobin's Q and the Gains from Successful Tender Offers. Journal of Financial Economics, 1989 (24): 137 -154.

[64] Lin, J. , F. Cai and Z. Li. Competition, Policy Burdens and State-Owned Enterprise Reform. American Economic Review, 1998: 422 -427.

[65] Li, H. and Zhou, L. A. Politieal TUmover and Economie Performanee: The Ineentive Roleof Personnel Controlin China. Joumal of Public Eeonomies, 2005 (89): 1743 -1762.

[66] Loughran, T. , A. M. Vijh. Do Long-term Shareholders Benefit from Corporatecquisitions . Journal of Finance, 1997 (52): 1765 - 1790.

[67] Loderer C. , K. Martin. Corporate Acquisitions by Listed Firms: The Experience of a Comprehensive Sample . Financial Management, 1990, 19: 17 - 33.

[68] Lins K. V. , Servaes H. Is Corporate Diversification Beneficial in Emerging markets. Financial Management, 2002: 5 - 31.

[69] Maury C. B. , Pajuste A. Controlling Shareholders, Agency Problems, and Dividend Policy in Finland. IMF Working Paper, 2002 (2): 15 - 45.

[70] Muller D. C. A Theoryof Conglomerate Mergers. Quarterly Journal of Economics, 1969 (8): 643 - 659.

[71] Meeks G. Disappointing Marriage: A Study of the Gains from Merger. Cambridge University Press, 1977.

[72] Mitchell, M. L. and E. Stafford. Mangerial Decisions and Long-term Stock Price Performance. Journal of Business, 2000 (73): 287 - 329.

[73] Morck R. , A. Shleifer, R. Vishny. Do Managerial Objectives Drive Bad Acquisitions? Journal of Financial Economics, 1990 (13): 187 - 221.

[74] Morck R. , Shleifer A. , Vishny R. W. Do Managerial Acquisitions Drive Bad Acquisitions. Journal of Finance, 1990 (45): 31 - 48.

[75] Mulherin. J. Harold. Ardra L. Boone. Comparing Acquisitions and Divestitures. Journal of Corporate Finance, 2000 (8): 117 - 139.

[76] Marco Pagano and Ailsa Röell. The Choice of Stock Ownership Structure: Agency Costs, Monitoring, and the Decision to Go Public. The Quarterly Journal of Economics, 1998 (1): 187 - 225.

[77] Roll R. The Hubris Hypothesis of Corporate Takeover . Journal of Business, 1986 (2): 197 - 216.

[78] Richardson S. Over-investment of Free Cash Flow. Review of Accounting Studies, 2006 (11): 159 - 189.

[79] Servaes, H. Tobin's Q and the Gains from Takeovers. Journal of Finance, 1991 (46): 409 - 419.

[80] Shleifer, A. and Vishny, R. W. A Survey of Corporate Governance. Journal of Finance, 1997 (52): 737 - 783.

[81] Scharfstein, D. S. , Stein, J. C. The Dark Side of Internal Capital Markets: Divisional Rent-seeking and Inefficient Investment. Journal of Finance, 2000

(55): 2537 -2564.

[82] Shin, H., Stulz, R. M. Are Internal Capital Markets Efficient? Quarterly Journal of Economics, 1998 (113): 531 -552.

[83] Shleifer, A. and R. Vishny. Managerial Entrenchment, the Case of Manager Specific Investments. Journal of Financial Economics, 1989 (25): 123 - 139.

[84] Shleifer, A. and R. Vishny. The Takeover Wave of the 1980s Science, 1990 (249): 745 -749.

[85] Stulz, R., M. Managerial Discretion and Optimal Financing Policies. Journal of Financial Economics, 1990 (26): 3 - 27.

[86] Schipper K., Thompson R. The Impact of Merger-related Regulations on the Shareholders of Acquiring Firms. Journal of Accounting research, 1983: 184 -221.

[87] Sicherman, N. W., and Pettway, R. H. Acquisition of Divested Assets and Shareholders Wealth. Journal of Finance, 1987 (42): 1261 -1273.

[88] Stein, J. C. Internal Capital Markets and the Competition for Corporate Resources. Journal of Finance, 1997 (52): 111 -133.

[89] Tsung-ming Yeh and Yasuo Hoshino. Productivity and Operating Performance of Japanese Merging Firms: Keiretsu-related and Independent Mergers. Japan and the World Economy, 2002 (14): 347 -366.

[90] Williamson O. E. Markets and Hierarchies: Aanalysis and Antitrust Implication. New York: Free Press, 1975.

[91] Walker M. Corporate Takeovers, Strategic Objectives and Acquiring-firm Shareholder Wealth. Financial Management, 2000, 4: 53 -66.

[92] Yen Tze-Yu, André, P. Ownership Structure and Operating Performance of Acquiring Firms: The Case of English-origin Countries. Journal of Economics and Business, 2007 (59): 380 -405.

[93] Yeh, Y. H. Do Controlling Shareholders Enhance Corporate Value? . Corporate Governance : An International Review, 2005 (2): 313 - 325.

[94] Zhang Tiany U. Corporate Layers and Corporate Tralls Parencyina Transition Eeonomy. P. H. D, the Hong Kong University of Science and Technology, 2004.

[95] 苏启林，朱文．上市公司家族控制与企业价值．经济研究，2003 (8): 36 -45.

[96] 王鹏．投资者保护、代理成本与公司绩效．经济研究，2008 (2):

68－82.

[97] 王鹏，周黎安．控股股东的控制权、所有权与公司绩效：基于中国上市公司的证据．金融研究，2006（2）：88－98.

[98] 杨淑娥，苏坤．终极控制、自由现金流约束与公司绩效——基于我国民营上市公司的经验证据．会计研究，2009（4）：78－86.

[99] 俞红海，徐龙炳，陈百助．终极控股股东控制权与自由现金流过度投资．经济研究，2010（10）：103－114.

[100] 杨兴全，曾义．控股股东两权分离、过度投资与公司价值．江西财经大学学报，2011（1）：24－30.

[101] 程仲鸣，夏新平，余明佳．政府干预、金字塔结构与地方国有上市公司投资．管理世界，2008（9）：37－47.

[102] 罗党论，唐清泉．金字塔结构、所有制与中小股东利益保护．财经研究，2008（9）：132－142.

[103] 汪炜，周宁．中国股市“规模效应”和“时间效应”的实证分析．经济研究，2002（10）：16－30.

[104] 吴世农，许年行．资产的理性定价模型和非理性定价模型的比较研究——基于中国股市的实证分析．经济研究，2004（6）：105－116.

[105] 唐建新，陈冬．地区投资者保护、企业性质与异地并购的协同效应．管理世界，2010（8）：102－116.

[106] 潘红波，余明桂．支持之手、掠夺之手与异地并购．经济研究，2011（9）：108－120.

[107] 刘星，吴学娇．政府干预、行业特征与并购价值创造．审计与经济研究，2011（6）：95－103.

[108] 樊纲，王小鲁，朱恒朋．中国市场化指数——各地区市场化相对进程2011年报告．北京：经济科学出版社，2012.

[109] 王化成，李春铃，卢闯．控股股东对上市公司现金股利政策影响的实证研究．管理世界，2007（1）：122－127.

[110] 孙铮，刘凤委、李增泉．市场化程度、政府干预与企业债务期限结构．经济研究，2005（5）：52－63.

[111] 李维安，邱艾超，古志辉．双重公司治理环境、政治联系偏好与公司绩效——基于中国民营上市公司治理转型的研究．中国工业经济，2010（6）：85－95.

[112] 雷光勇，刘慧龙．市场化进程、最终控制人性质与现金股利行为——

来自中国A股公司的经验证据．管理世界，2007（7）：120－128.

［113］沈艺峰，肖铭，黄娟娟．中小投资者法律保护与权益资本成本．经济研究，2005（6）：116－124.

［114］姜付秀，支小强，张敏．投资者法律保护与股权融资成本——以中国上市公司为例的研究．管理世界，2008（2）：117－125.

［115］陈信元，黄俊．政府干预、多元化经营与公司业绩．管理世界，2007（1）：92－97.

［116］高雷，宋顺林．治理环境、治理结构与代理成本——来自国有上市公司面板数据的经验证据．经济评论，2007（3）：35－40.

［117］杨兴全，张照南，吴昊旻．治理环境、超额持有现金与过度投资——基于我国上市公司面板数据的分析南开管理评论，2010（5）：61－69.

［118］檀向球，云涛，强立．上市公司报表性与实质性资产重组鉴别与分析．证券市场导报，1999（6）：49－54.

［119］张秋生．并购学一个基本理论框架．北京：中国经济出版社，2010.

［120］冯根福，吴林江．我国上市公司并购绩效的实证研究经济研究．经济研究，2001（1）：54－61.

［121］张新．并购重组是否创造价值经济研究．经济研究，2003（6）：20－29.

［122］陈信元，叶鹏飞，陈冬华．机会主义资产重组与刚性管制．经济研究，2003（5）：13－22.

［123］李增泉，余谦，王晓坤．掏空、支持与并购重组．经济研究，2005（1）：95－105.

［124］陈信元，原红旗．上市公司资产重组财务会计问题研究．会计研究，1998（10）：1－10.

［125］宋献中，周昌仕．股权结构、大股东变更与收购公司竞争优势．财经科学，2007（5）32－40

［126］余光，杨荣．企业购并股价效应的理论分析与实证分析．当代财经，2000（7）：70－74.

［127］李善民，朱滔．中国上市公司并购的长期绩效．中山大学学报，2005（5）：80－86.

［128］夏立军，方铁强．政府控制、治理环境与公司价值．经济研究，2005（5）：40－51.

[129] 吴红军. 中国上市公司控股股东自利性并购行为研究. 厦门：厦门大学博士论文，2007.

[130] 周昌仕. 政府控制下的公司并购模式及绩效研究. 广州：暨南大学博士论文，2008.

[131] 朱冬琴，陈文浩. 控制权、控制权与现金流权偏离度对并购的影响——来自中国民营上市公司的经验证据. 财经研究，2010 (2)：121 - 131.

[132] 陈信元，张田余. 资产重组的市场反应——1997 年沪市资产重组实证分析. 经济研究，1999 (9)：47 - 55.

[133] 洪锡熙，沈艺峰. 公司收购与目标公司股东收益的实证分析. 金融研究，2001 (3)：26 - 33.

[134] 张宗新，季雷. 公司购并利益相关者的利益均衡吗？. 经济研究，2003 (6)：30 - 37.

[135] 李善民，陈玉罡. 上市公司兼并与收购的财富效应. 经济研究，2002 (11)：27 - 35.

[136] 李善民，曾昭灶，王彩萍，朱滔，陈玉罡. 上市公司并购绩效及其影响因素研究. 世界经济，2004 (9)：60 - 67.

[137] 崔学刚. 上市公司重组绩效理论与实证研究. 大连：东北经大学出版社，2007：258 - 262.

[138] 潘红波，夏新平，余明桂. 政府干预、政治关联与地方国有企业并购. 经济研究，2008 (4)：41 - 52.

[139] 方军雄. 政府干预、所有权性质与企业并购. 管理世界，2008 (9)：118 - 124.

[140] 王峰娟，邹存良. 多元化程度与内部资本市场效率——基于分部数据的多案例研究. 管理世界，2009 (4)：153 - 161.

[141] 杨兴全，陈跃东. 多元化经营，代理成本与公司业绩——来自我国上市公司的经验证据. 河北经贸大学学报，2009 (4)：52 - 58.

[142] 徐丽萍，辛宇，陈工孟. 股权集中度和股权制衡及其对公司经营绩效的影响. 经济研究，2006 (1)：90 - 100.

[143] 刘启亮，李增泉，姚易伟. 投资者保护、控制权私利与金字塔结构——以格林柯尔为例. 管理世界，2008 (12)：139 - 148.

[144] 李增泉，辛显刚，于旭辉. 金融发展、债务融资约束与金字塔结构. 管理世界，2008 (1)：123 - 135.

[145] 赖建清，吴世农. 中国上市公司最终控制人的现状研究. 厦门大

学学院工作论文，2005.

［146］陈冬华，陈信元．国有企业的薪酬管制与在职消费．经济研究，2005（2）：92－101.

［147］陈信元，朱红军．转型经济中的公司治理．北京：清华大学出版社，2007.

［148］魏明海，柳建华．国企分红、治理因素与过度投资．管理世界，2007（4）：88－95.

［149］曾庆生，陈信元．国家控股，超额雇员与劳动力成本：来自中国股票市场的经验证据．经济研究，2006（5）：74－86.

［150］肖成民．制度环境、公司治理与利益侵占，吉林大学博士论文，2008.

［151］王凤荣，任萌，张富森．政府干预、治理环境与公司控制权市场的有效性——基于地方国有上市公司并购的经验证据．山东大学学报（哲学社会科学版），2011（2）：77－85.

［152］宋献中，周昌仕．股权结构，大股东变更与收购公司竞争优势．财经科学，2007（5）：32－40.

［153］陆铭，陈钊．城市化，城市倾向的经济政策与城乡收入差距．经济研究，2004（6）：1－8.

［154］李善民，刘永新．并购整合对公司并购公司绩效的影响——基于中国液化气行业的研究田．南开管理评论，2010（4）：154－160.

［155］洪道麟，刘力，熊德华．多元化并购、企业长期绩效损失及其选择动因．经济科学，2006（5）：63－73.

［156］钟海燕，冉茂盛，丁雪峰．地区差异，金字塔结构与公司价值．经济与管理研究，2012（5）：12－19.

［157］秦朵，宋海岩．改革中的过度投资需求和效率损失——中国分省固定资产投资案例分析．经济学，2003（2）：807－832.

［158］威斯通，郑光，侯格．兼并．重组与公司控制．北京：经济科学出版社，1998.

［159］杜兴强，聂志萍．中国上市公司并购的短期财富效应实证研究．证券市场导报，2007（1）：29－38.

［160］李善民，朱滔．多元化并购能给股东创造价值吗．管理世界，2006（3）：129－137.

［161］叶勇，胡培，黄登仕．中国上市公司终极控制权及其与东亚西欧上

市公司的比较分析. 南开管理评论, 2005 (3): 25 - 31.

[162] 冯旭南, 李心愉. 终极所有权和控制权的分离: 来自中国上市公司的证据. 经济科学, 2009 (2): 84 - 97.

[163] 曾亚敏, 张俊生. 中国上市公司股权收购动因研究: 构建内部资本市场抑或滥用自由现金流. 世界经济, 2005 (2): 60 - 68.

[164] 黄本多, 干胜道. 自由现金流量与我国上市公司并购绩效关系的实证研究. 经济经纬, 2008 (5): 64 - 67.

[165] 傅强, 方文俊. 管理者过度自信与并购决策的实证研究. 商业经济与管理, 2008 (4): 76 - 80.

[166] 吴超鹏, 吴世农, 郑方镳. 管理者行为与连续并购绩效的理论与实证研究. 管理世界, 2008 (7): 130 - 138.

[167] 张志宏, 费贵贤. 控股权性质、市场化进程与企业并购模式选择. 中南财经政法大学学报, 2010 (5): 122 - 128.

[168] 张功富. 政府干预、政治关联与企业非效率投资——基于中国上市公司面板数据的实证研究. 财经理论与实践, 2011 (5): 24 - 30.

[169] 钟海燕, 冉茂盛, 文守逊. 政府干预、内部人控制与公司投资. 管理世界, 2010 (7): 98 - 108.

[170] 程仲鸣, 夏银桂. 控股股东、自由现金流与企业过度投资. 经济与管理研究, 2009 (2): 19 - 24.

[171] 辛清泉, 谭伟强. 市场化改革、企业业绩与国有企业经理薪酬. 经济研究, 2009 (11): 68 - 80.

[172] 周小春, 李善民. 并购价值创造的影响因素研究. 管理世界, 2008 (5): 125 - 135.

[173] 叶会, 李善民. 企业并购理论综述. 广东金融学院学报, 2008 (1): 115 - 128.

[174] 李善民, 叶会. 控制权私有收益, 代理问题和企业并购过程研究. 南方经济, 2008 (12): 54 - 62.

[175] 李善民, 周小春. 公司特征、行业特征和并购战略类型的实证研究. 管理世界, 2007 (3): 130 - 137.

[176] 李青原, 田晨阳, 唐建新, 等. 公司横向并购动机: 效率理论还是市场势力理论. 会计研究, 2011 (5): 58 - 65.

[177] 顾露露, Robert R. 中国企业海外并购失败了吗. 经济研究, 2011 (7): 116 - 129.

[178] 周小春，李善民．并购价值创造的影响因素研究．管理世界，2008（5）：134－143.

[179] 范从来，袁静．成长性、成熟性和衰退性产业上市公司并购绩效的实证分析．中国工业经济，2002（8）：65－72.

[180] 刘锴．并购交易特征、股权结构与市场绩效研究——基于后股权分置时代上市公司的经验数据．广州：暨南大学博士论文，2009.

[181] 刘志强．上市公司并购绩效及其影响因素的实证研究．吉林大学博士论文，2007.

[182] 宋建波，沈皓．管理者代理动机与扩张式并购绩效的实证研究．财经问题研究，2007（2）：67－74.

[183] 方军雄．市场化进程与资本配置效率的改善．经济研究，2006（5）：50－61.

[184] 方军雄．所有制、市场化进程与资本配置效率．管理世界，2007（11）：27－35.

[185] 刘笑萍，黄晓薇，郭红玉．产业周期，并购类型与并购绩效的实证研究．金融研究，2009（3）：135－153.

[186] 李燕萍，孙红，张银．高管报酬激励，战略并购重组与公司绩效．管理世界，2008（12）．

[187] 曾颖．资产注入、支付手段与市场反应．证券市场导报，2007（10）：29－33.

[188] 刘星，安灵．大股东控制、政府控制层级与公司价值创造．会计研究，2010（1）：69－78.

[189] 卢锐，魏明海，黎文靖．管理层权力、在职消费与产权效率．南开管理评论，2008，11（5）：85－92.

[190] 吕长江，赵宇恒．国有企业管理者激励效应研究——基于管理者权力的解释．管理世界，2008（11）：99－109.

[191] 吴育辉，吴世农．高管薪酬：激励还是自利？．会计研究，2010（11）：40－48.

[192] 权小锋，吴世农，文芳．管理层权力、私有收益与薪酬操纵．经济研究，2010（11）：73－87.

[193] 方军雄．高管权力与企业薪酬变动的非对称性．经济研究，2011（4）：107－120.

[194] 刘星，代彬，郝颖．高管控制权、资本扩张与企业财务风险——

来自国有上市公司的经验证据．中国会计学会 2011 年会计学术会议论文集，2011.

［195］黄兴孪，沈维涛．掏空或支持——来自我国上市公司关联并购的实证分析．经济管理，2006（12）：57－64.

［196］谢玲红，刘善存．学习型管理者的过度自信对连续并购绩效的影响．管理评论，2011（7）：149－154.

［197］宋希亮．支付方式与并购绩效的研究．北京：北京交通大学博士论文，2010.

［198］许艳芳，文旷宇．控制权安排、掏空与长期并购绩效．第四届中国管理学年会论文，2009.

［199］刘芍佳，孙霈，刘乃全．终极产权论、股权结构与公司绩效．经济研究，2003（4）：51－61.

［200］叶勇，刘波，黄雷．终极控制权、现金流量权与企业价值——基于隐性终极控制论的中国上市公司治理实证研究．管理科学学报，2007（4）：66－79.

［201］刘玉敏，任广乾．股权分置改革对上市公司治理优化的影响研究．商业研究，2008（5）：156－161.

［202］廖理，张学勇．全流通纠正终极控制者利益取向的有效性——来自中国家族上市公司的证据．经济研究，2008（8）：77－89.

［203］王亮，姚益龙．后股权分置时期大股东会减少“掏空”行为吗?．财贸研究，2011（1）：110－118.

［204］吴晓求．股权流动性分裂的八大危害——中国资本市场为什么必须进行全流通变革．财贸经济，2004（5）：49－54.

［205］申慧慧，黄张凯，吴联生．股权分置改革的盈余质量效应．会计研究，2009（8）：40－48.

［206］谢梅，郑爱华．股权分置改革前后竞争、终极控制人及公司业绩关系的比较研究——来自工业类上市公司的经验证据．南开经济研究，2009（4）：15－32.

［207］杨兴全，吴昊旻，张丽平．市场化进程、管理者权力与公司现金持有．中国会计学会财务管理专业委员会 2012 年学术年会暨第十八届中国财务学年会论文集.

后　记

本书是在我的博士论文和一些后续研究基础上修改完成的。蓦然回首，在读博的这一千多个日日夜夜，可谓甘苦尽尝、悲欣交集，论文终究得以脱稿，一时间稍感轻松，这其中包含着导师的指导与鼓励、同学的交流与帮助以及家人的支持与关心，在此只能简言致谢，而感恩之心却在永远！

首先，要感谢我的导师杨兴全教授，从入校学习到论文写作，杨老师自始至终给予了耐心指导和评点，使我有幸迈入了公司财务的研究门槛；论文从选题策划、提纲拟订，到写作加工，无一不凝结着他的心血和汗水。他渊博的知识、精辟的见解、严谨的态度和科学的工作方法给了我极大的启迪和帮助，也成为我今后工作和学习的榜样。在此，谨向恩师致以最诚挚的感谢！

在校学习期间，曾得到许多老师不倦的教诲和无私的帮助，令我不胜感激。在此要感谢李万明教授、白俊教授、王生年教授、吴昊旻教授以及其他未能一一提及的老师，感谢他们对我的论文提出许多宝贵的意见；同时也感谢各位任课老师，是他们丰富了我的知识、开阔了我的视野、增强了我的科研能力，为我论文的顺利完成提供了保障；在论文写作过程中，张丽平博士、曾义博士以及姚曦博士给予了无私的帮助和支持，在此也一并致以衷心感谢！

感谢我的丈夫邹永兵以及年幼的女儿邹睿璇，他们的理解、支持以及默默付出是我完成学业的后盾，也是鼓舞我继续前行的动力！

最后，我还要感谢海南大学经济与管理学院会计与财务管理创新团队的负责人胡国柳教授以及诸位同事们，感谢他们提供了良好的学术氛围和科研平台，让我有机会潜心研究。本书的出版得到了海南省中西部高校提升综合实力工作资金项目的资助，在此我对海南大学表示真挚的感谢！